徐铸成 著

哈同外传

生活·讀書·新知 三联书店

Copyright © 2018 by SDX Joint Publishing Company.
All Rights Reserved.
本作品版权由生活·读书·新知三联书店所有。
未经许可,不得翻印。

图书在版编目(CIP)数据

哈同外传/徐铸成著. —北京:生活·读书·新知三联书店,2018.2
ISBN 978 – 7 – 108 – 06126 – 3

Ⅰ.①哈⋯ Ⅱ.①徐⋯ Ⅲ.①哈同(Hardoon, Silas Aaron 1851-1931) – 传记 Ⅳ.① K835.615.38

中国版本图书馆 CIP 数据核字(2017)第 310127 号

责任编辑	卫	纯
装帧设计	薛	宇
责任印制	宋	家
出版发行	生活·讀書·新知 三联书店	
	(北京市东城区美术馆东街 22 号 100010)	
网　　址	www.sdxjpc.com	
经　　销	新华书店	
印　　刷	北京市松源印刷有限公司	
版　　次	2018 年 2 月北京第 1 版	
	2018 年 2 月北京第 1 次印刷	
开　　本	889 毫米 × 1194 毫米　1/32　印张 7	
字　　数	130 千字	
印　　数	0,001 – 5,000 册	
定　　价	45.00 元	

(印装查询:01064002715;邮购查询:01084010542)

1957年9月,摄于上海外白渡桥

1977年12月，摄于上海人民公园

80年代徐铸成在上海家中

1988年夏,在上海江宁路寓所

《哈同外传》初版书影,上海文化出版社,1983年

编者的话

在徐铸成先生晚年的著作中,有一部题材别致的人物传记,曾在文坛引发较大的影响,这就是《哈同外传》。1982年,上海《新民晚报》复刊,作者受赵超构先生和束纫秋先生邀请,写作一些有关旧上海历史掌故的文章,《哈同外传》遂在上海《新民晚报》上连载。1983年,由上海文化出版社出版,后由文星书店在香港印行。曾收入学林出版社1999年出版的《徐铸成传记三种》和生活·读书·新知三联书店2009年出版的《杜月笙正传·哈同外传》。

哈同,是旧上海的一个代表人物。他的荣辱兴衰,往往辐射着时代和社会变幻的风云。为哈同立传,正是作者观察和叙述历史的一个特定角度,正如作者所说,他写这类传记的目的是"记住昨天,努力在今天,创造更美好的明天"。

目录

自　序 · · · 1

第一章

　　引子 · · · 6

　　"征途" · · · 11

　　待机 · · · 18

　　直升 · · · 23

　　膨胀 · · · 29

第二章

　　创业 · · · 36

　　风波 · · · 42

　　赐面 · · · 48

筑园···55

斗法···61

仓圣···68

第三章

女学···75

祝寿···82

北行···89

登龙···95

辛亥···101

第四章

转篷···108

阴谋···114

浊浪···120

兼容···126

土缘···132

罗苑···138

攀亲···145

第五章

吸血 ··· 153

跌霸 ··· 157

晋京 ··· 166

陛见 ··· 172

秋游 ··· 178

赋归 ··· 185

第六章

大丧 ··· 189

孤鹄 ··· 197

趁火 ··· 203

收场 ··· 209

余音 ··· 213

自　序

朋友们说，这几年我的写作不少，仿佛老树开花，又出现了一个旺盛期。

的确，从1976年天日重光，特别在党的三中全会以后，我是写了不少东西，先后在上海、香港、四川出版了四本书，加上各地报刊登出的，大约已有一百万字。所以这样积极，一则出于职业的习惯，长期的记者生涯，每天总要写点什么，像老艺人一样，每天一定要吊吊嗓子，唱那么几段。二十年被迫搁笔期间，最难受的，是"嗓子"发痒。一旦开禁，就恨不得一天唱上十段八段，虽然功力生疏了，"嗓子"也发干了。二是心情舒畅，总想为"四化"事业多做点事。而我今天能贡献的，只有一支笔，只有一些过去的亲身经历和耳闻目睹的旧闻，写出来提供有识者参考；或者可以沙里淘金，作为借鉴。

1981年夏天，上海《青年报》邀我写一长篇连载《杜月笙正传》，希望通过这样一个典型的人物，从一个角度，反映旧上海的概貌,以便青年读者了解过去,中老年读者也可以温故知新。这就扩大了我写作的领域。过去,我主要写过报纸的社论、政论式的文章和新闻通讯,这类传记性的文艺作品,从未尝试过;而且,我对杜这个人和他所"君临"的社会,并不熟悉。勉为其难,真像赶鸭子上架。

我翻阅一些资料,回忆在旧社会的所见所闻,写作时试图要打破一些框框,如一切以阶级斗争为纲,好人是好到底,坏人一定头顶生疮、脚底流脓之类的公式以及"三突出"等等,想实事求是地是一说一,是二说二,即使像杜月笙这类的人,也可以从变化发展中,看出他的几个方面。我以为,这样写,才可能有血有肉,再现其本来面目。

感谢读者的鼓励,这个连载开始刊出后,报社和我就收到不少来信,支持我这样写;不少中老年读者,还提供补充材料。后来,我重新加以整理,并补写了最后几章,由浙江人民出版社出了书。

今年,《新民晚报》终于在读者千呼万唤中复刊了。编辑大都是我的老朋友,他们希望我写一篇类似的连载。我想,在旧上海的人物中,比杜月笙更有"代表性"的,只有哈同。他控制着"十里洋场"的经济达几十年,而且关系到千家万户的生活,又和各个时期从中央到各地的当权者有联系。能够写好这个人,当然更有助于了解昨天、热爱今天,从而努力建造更美好的明天。

报社鼓励我仍以写《杜月笙正传》的态度来写。胡澄清同志还把他历年积累的有关资料提供给我。但是，晚报是每天出版的，所占篇幅不宜过大，而每段必须告一小段落。这种体裁，对我更是一个新的尝试。

最困难的，我和杜月笙还有"一面之缘"，对哈同及罗迦陵、姬觉弥等主要角色，却连影子也没有见过，如何能把他们写得至少不死板呢？

这"一面之缘"很重要。像旧小说里写的"描容"，主角一定要和对方"一见倾心"，才能凭其丹青妙笔，把对方画得栩栩如生。

记得我童年时，每逢春节，各家都要把祖先的画像挂出来上供三天。我曾祖父生前，没有认真照过相，他的像，是我们邻居的一位画师叫李盘谷的，根据他平时的接触，凭空画出的。凡是见过我曾祖父的，都说这画像只少一口气，连神态也和活人一样。我祖父去世时，这位李画师早已不在了，他的儿子没有这样高明，而且并不认识我祖父，他是凭一张照片描画的，也很像，但呆呆的，一点神气也没有。

我只在关于哈同夫妇的"纪念册"里，看到哈同等人晚年的照片，当时的摄影技术又没有现在这样先进。在此，我所描绘的哈同及其他主角，不可能形似，更谈不到神似了。

在"外传"开始在报上刊载的时候，有些朋友向我提出意见，说写得似乎太松散，铺得太开。这批评是十分中肯的，因为我总想把当时当地的背景交代得清楚些，有时不免把"镜头"拉得太远，反而使主角在画面上不够突出。另外，"十年动乱"的事实，不能不引起人们深深的警惕：封建主义和帝国主义这两座大山虽然早被推倒了，但它们的毒菌、根须还深深地埋在我们的土壤里、江湖中，一旦气候反常，它们还会泛起，还会"破土而出"，冒出新的品种，"文革"中所出现的形形色色的"英雄人物"，不正是在这些根须、毒菌上滋长出来的嘛！近年以来，经济上实行开放政策，西风稍稍吹动，一些崇洋媚外思想乃至犯罪活动，不也令人惊心动魄吗？也像写《杜月笙正传》时一样，我在写这篇"外传"时，总想尽力把这片土壤刨得深一点，让这些根须、毒菌暴露于光天化日之下。

和《杜月笙正传》不同的，在这篇"外传"里，我加了一点"浪漫主义"的手法，在小章节里，添上一点夸张的描述，而基本事实，自信并没有一点离谱。这些，我已在"余音"中请赵升里老先生代为解释了。

在我，这也是一个探索。写惯报刊评论、报道，学写传记小说，总不免有放脚的痕迹。也有朋友说，我写的东西，没有八股腔，也很少套话、废话。我听了十分惶愧。那个二十年中，我虽然没有写过什么文章，但看到的却多是这一套，空气里呼吸的，也是这一套，怎么会不受影响呢？何况,在奉命写"检查""交代"时,又非刻意模仿这一套不可。我又没有什么特效药,如何能防止传染呢?

1982年5月18日写

第一章

引 子

我的家乡在江南一个小城,周围只有三里,人口不过一万,当年只有一条小路可通常州、无锡,可以说,环境是十分闭塞的。

童年时,已听说有一个大都市叫上海,但也只朦胧地知道它是一个花花世界,什么稀奇古怪的事物都有;究竟是怎样的繁华,连家长和亲戚们都答不出来。

我家是一个有十几房同姓杂居的破落户,有一个破旧的大厅,听说是全县仅留的明代建筑之一。其余七零八落的房子,每家占用着一间到两间,是十足的一座大杂院。

有一个疏房的侄儿,比我还大几岁,大约在"五四"的后一年,我刚进高等小学,他已毕业了。毕业后怎么办呢?家里穷,又想深造,不知通过什么途径,他考取了上海一所既不要学费又不收膳宿费的学校——哈同大学,说这所学堂,是一个外国大富翁哈同开设的。

所以,我知道的上海的第一个人物,既不是陈其美,也不是黄金荣、杜月笙,而是这个外国大亨。

那年寒假他回家时,才谈起所谓哈同大学,正名是仓圣明智大学,他进的是附设的中学部。还另有女中部,都设在哈同花园的一角。中间隔了一条小河,两校的学生,平时是绝对禁止接触的。

他说,校舍极其简陋,学生们像囚犯一样,住在拥挤的宿舍里;伙食也极粗劣,难得吃到一点荤腥;星期天不许出校门,只能远远地看到哈同花园里的楼台亭阁。

一年只有两次可以步出樊笼。在哈同和他的老婆生日那一天,大家排着队去祝寿,循着指定的路径,目不斜视地走到寿堂外一个地方,默默地等待着;一声传呼,才一个一个进入红烛高烧、香烟缭绕的寿堂。那时,女中部的学生也从另一个门走了进来,于是,一对对男女学生,被"乱点鸳鸯谱",双双向高坐在上面的哈同夫妇叩了四个头,再默默地分路退出。

在临时搭的席棚里,他们被安排入"席",每人一碗大肉面,外加两个寿桃形的馒头。这是他们一年中仅有的两次"大荤"中的一次。

我那侄儿还讲到这学校和哈同花园里的其他人物,我只记得其中有一个大总管叫姬觉弥,因为字音和"鸡吃米"相近，容易记住。据说，此人十分凶狠，学生们偶有不慎，常被他拉去毒打或禁闭。

我还有一个同乡，也是进过哈同大学的，那就是后来蜚声国内外的美术大师徐悲鸿先生。

他的老家，离县城有二十多里，父亲是一位造诣很深的老画师，但时运不济，一生过着清贫的生活，把浑身本领传授给了他的儿子。悲鸿不得已进了这所近于施舍的大学，可见他出身的寒苦。

青年时代，他不仅已有绘画的才能，而且是我们这个小县里第一个冲决封建牢笼的勇士。他在"哈大"读书时，认识了刚进爱国女学的同乡蒋碧薇女士，"一见倾心"，不久就"私订终身"了。这位蒋女士的父亲，是全县有名的缙绅兼名士，而且，早把爱女许配给"望族"了。蒋父听到徐悲鸿与他女儿相爱的风声，火冒三丈，立即函催女儿退学回家，但这一对勇敢的青年，坚决抵制家庭的压力，终于在上海结了婚。

为了掩盖这件"伤风败俗"的事，蒋府上当时还大摆灵堂，说这位爱女暴病身亡了，使蒋父"痛摧心腑"，还举行了一次大出丧，但连我这个七八岁的儿童，也知道这棺材是空的。

大约在"五四"前后，悲鸿激于爱国义愤，终于冲出了"哈大"的禁锢，转入了上海一座私立学校。

有人说，悲鸿是哈同资送赴法留学的，这是误传。据我所知，他是受蔡孑民（元培）先生青睐，引荐到北大任教，由北大派往法国深造的。

关于他和蔡先生结识的经过，我们家乡还流传着这样一个故事：有一年暑假，悲鸿去北京游览北国的壮丽山河，在火车中，恰和蔡先生对席而坐。他拿出纸笔，勾出了一幅速写。蔡先生索来一看，原来是素描他的像，不仅十分形似，而且神态宛然，呼之欲出。于是就问及这位青年的姓名、近况，并邀请他于暑假后到北大任美术教员。大家知道，蔡先生对美学是素有研究，也极力提倡的。

这个传说有漏洞。悲鸿当时是个穷学生，只有能力坐三等车（当时的火车分三个等级，最贫苦的劳动人民，只能坐货车改装的闷子车，称为四等），而蔡先生身为大学校长，即使生活简朴，至少总要坐二等车吧，怎么会和这个青年同车对坐呢？

不管怎样，总之，这两位后来都名垂青史的人物，当时一老一少，萍水相逢，蔡先生就对这位青年的才华大加赞赏，识拔他为大学教员，随后还资送出国，造就出一代人才。

这两位同乡的故事，使我开始对哈同发生了兴趣。等我自己到上海安家落户，就处处感到它像一个巨大无比的魔影，窒息着每一个居民的生活。

1926年，我投考清华大学。该校的南方考场，借用上海的南洋大学——交通大学的前身,我这才第一次到了向往已久的"十里洋场"。穷学生,又无亲可投,住在三马路一家小旅馆里,终日埋头温课,自然无暇也无力出去观光游玩,考毕就匆匆束装还乡。只听人说起,南京路的许多高耸的大楼,地皮都是哈同的,这条马路也是哈同出钱用红木铺砌的。我听了不免暗地吐吐舌头。

我又一次拜访上海,是在1933年。那时,我在汉口当天津《大公报》的特派记者。春间,偕妻到江南游览,曾在上海停留数日,看到了正在轰动的海京伯马戏团;也曾去哈同路——今铜仁路访问一家亲戚,从墙外看到哈同花园的气势。

那时,听说哈同已经去世了,而一望无际的园墙依然粉刷鲜明,大门前还站着几个"红头阿三",不时吆喝着探视的行人。"墙外行人墙里笑",墙里的琴声鸟语,时时从葱郁的花树和一角红楼中飘扬出来。

1936年《大公报》上海版创刊,我来沪定居,就常常经过哈同花园,但从未有机会进去参观过。那年9月1日,为纪念报庆(《大公报》1926年在天津改组复刊,以是日为报庆),曾欲假座哈同花园一角举行联欢会,未能成功,最后在康脑脱路(今康定路)徐园举行。徐园是昆曲家徐凌云先生的家园,小巧玲珑,也颇有园林之胜。记得徐老先生那天曾来"拍"一段曲子,还请来了几个小剧团演唱,作为余兴。在同人表演时,我也"吊"了一段京戏。那时,上海的旧式园林，公开招引游客的，有南市的半淞园等。

解放之初，哈同花园已变成一片废墟，楼台、花木荡然无存。在上海展览馆兴建以前，它只能引起过往者的凭吊而已。

后来，我在参加《辞海》的编写和修订工作时，接触过一些近代和现代的史料，发现哈同这个人，不仅是一个典型的冒险家，而且从清末起，直到国民党统治的初期，不少政治人物都与他有瓜葛；不少政治舞台上的大"演出"，幕后都牵连到爱俪园——哈同花园的正式名称，以及它的主人们。

因此，我想，为这个外籍"闻人"立个"传"，可以比《杜月笙正传》在更大的范围内和更长的时间里，反映旧上海甚至旧中国的概貌，虽然只能是一个断面。

我和杜月笙还有一面之缘，至于哈同以及他的老婆乃至姬觉弥等，我连影子都没见过，写起来自然很困难，肯定也不会生动、逼真，不尽不实之处更在所难免。好在还有不少老先生健在，可以指正，我恳切期望着。

因为连"正传"都不够，名之曰"外传"，算是为一个外国人"树碑立传"的意思。

"征　途"

19世纪的初叶，土耳其是近东的一个大帝国，它的领土，跨越欧、亚、非三大洲。到了那个世纪的50年代，国力已日渐衰弱,欧洲部分的各少数民族地区,纷纷争取"独立",而落入帝俄的势力范围;亚洲部分,则被英、法分割控制。当时的土耳其,被称为"近东病夫",和中国的清帝国被称为"远东病夫"一样,是帝国主义侵略、宰割的主要目标。

现在的叙利亚、伊拉克一带,当时名义上还属于土耳其,但已落入英帝国的势力范围,成为它继续向东侵略的一个连续点。

那时,在巴格达(今伊拉克共和国首都)城里,住着一个犹太族人,叫爱隆·哈同,四十多岁,已生了四个子女。他在当地的沙逊洋行当一名小职员,一家六口度日相当艰难。大概那时还没有有效的节育办法吧,到1849年,又生了一个儿子,取名欧斯·爱·哈同,在兄弟中排行老三。不久,又生了一个小女儿。

负担更重了,老哈同几乎要靠借债度日。东托人,西钻营,好不容易,于1854年,即欧斯·爱·哈同(即本篇的主角爱·哈同,以下简称哈同)五岁的时候,被调到设在印度的沙逊洋行总行工作,全家迁居孟买,薪给也增加了一些。

看过影片《林则徐》的都知道,当时英帝国输入中国最大量的货物,是印度出产的鸦片烟(后被称为"大土"),出面经营的是他们官方的东印度公司。在第一次鸦片战争中,利用清廷的腐败和官僚们的无能,英国战胜了,强迫清廷订立了《南京条约》，强制在上海等五个地方开辟租界，实行所谓"五口通商"。

为鸦片而战，作为战胜国，究竟不光彩。为了掩人耳目，便说鸦片这类毒品，以后官方的东印度公司不再经营了，改由商人设庄自行承包。于是，沙逊洋行应运而生，而且越来越发财。它的基地设在印度的孟买，而前哨的主要吞吐口，则伸至上海。它在上海新辟的租界里，建立了当时最大的高楼，设立了分行，专营鸦片生意，真是一本万利，"日进斗金"，使得许多冒险家非常眼红。不久，沙逊的一个本族后辈，别立一洋行，和它抢生意。也像"老大房"之后有"新老大房"一样，前者习惯称老沙逊洋行，后者称新沙逊洋行。而后来居上，新沙逊发展更快，还在南京路外滩一带盖起了当时上海最雄伟的大厦（今和平饭店旧址）作为大本营。这是后话。

到了1873年，小哈同已是二十四足岁的青年。他没有读过什么书，却有些机灵，随着一批"掘金"者之后，流浪到了上海。

老哈同原是叫他的小儿子到香港去的，要他去找一个在老沙逊洋行工作的朋友，求他给小哈同找个职业；临行还一再嘱咐说："孩子，你比哥哥们都勤快，又聪明，会做出一番事业的。如果香港站不住脚，可以到上海去。那里的沙逊洋行，我有一个更相熟的朋友，他会好好照应你的。那里开埠不久，找个落脚的地方，听说很容易。"

那时孟买和香港之间，只有载重两千多吨的小火轮行驶，沿途停靠新加坡、山打根、马尼拉，一路颠簸，足足走了十多天，才看到香港。老沙逊洋行在海边的干诺道，是一幢四层的房子，周围很空旷，他所找的那个父执，是该行的一个小职员，只介绍他当一个杂工，收入仅可糊口。没地方住，就宿在洋行前的走廊上。混了两个多月，他实在苦不堪言，看看口袋里父亲给他的钱，还剩下十元，决心买一张统舱票，去上海碰碰机会。船在汕头、鼓浪屿都停靠几小时，第六天才到吴淞口。船进入黄浦江，两岸都是荒村垂柳；又行了半天，到了杨树浦附近，才看到缕缕炊烟，疏疏的居民。黄浦滩也还是一片沙滩平畴，只有苏州河口摆渡桥附近有几幢三四层的楼宇，傲视着周围的矮屋。

江海关孤零零地建立在黄浦滩的三马路口，也是一幢假三层的木结构洋房，房顶悬着一面黄龙旗，四周一道围墙，墙里也砌了些假山花坛。对面的江边，有几间平房作为检查所，江里系着几条小艇，准备随时出动去检查进口的船只。

这位一脸煤灰的犹太青年，戴着一顶半新的便帽，穿着一套半旧的薄呢西装，看到上海冷落的景象，有些失望，倒抽了一口气。他行李不多，只有一条毡毯，几件换洗的衣服，装在帆布提包里，挟着在公和祥码头下了船。

码头口有不少马车和人力车在接客，有些会讲几句"洋泾浜"英语的车夫围上来兜揽生意。他坐上一辆人力车，到了四川路附近，投宿于一家小客栈。这里离老沙逊洋行很近。所有这些，都是临行前向到过上海的同乡讨教过的。

第二天，他拿了父亲的介绍信，到老沙逊洋行去见一位管事。他也是犹太同乡，由他引导，谒见了大班。大班是四十多岁的英国人，顶已半秃了，蓄着一口八字须，口衔雪茄烟，正坐在写字台后的圈椅上沉思。听这个管事介绍后，大班漫不在意地抬头向这个青年看了一眼，带着鄙视的神色问："读过书没有？"

"没有正经进过学校。爸爸教我识过字，也会说普通的阿拉伯话。"

"那有什么用，这里要用会说几句中国话的。曾做过些什么事？"

"没有正式进过洋行，父亲忙不开手时，曾叫我跑跑街，和一些当地的商店联络点生意。"

大班"哼"了一声，拿起一张纸说："把你的履历简单写出来。"

管事忙接过纸，递给哈同，并给他一支蘸好墨水的笔。哈同满头大汗，好不容易写了半张纸，恭恭谨谨递了上去。

大班看了，又"哼"了一声，嘟囔着："自己的名字都写不清楚，像鬼画符似的，这样的人，有什么用呢？"

管事忙说："人倒是老实的，年轻力壮。行里还少一个看门的,好不好让他来试试?"

大班沉吟片刻:"好吧,让他试用一个月,如果能胜任,下月起,每月给五两银子。"

这样,哈同大小总算找到了一个落脚的地方,也算生平第一次有了职业。靠这位同乡的帮忙,他当天就搬进洋行后面的勤杂工宿舍。一间不大的棚屋,在堆栈旁边,从靠头顶的天窗,射进一线阳光。同住的有五个人,两个印度人,三个中国人,都是搬运货物的洋行雇工,都会说几句"洋泾浜",因此,哈同一半天就和他们混熟了。

上工前还有一天空闲日子。一个中国工人说他那天也没有工做,就领着哈同去看看上海的"市面"。

那时,上海"开埠"已三四十年了,但经过小刀会的血战,许多人的惊魂未定,有些有"身价"的英、美商人,回国后尚未回来。洋人中,除掉英、法、美等"领事公馆"及工部局、捕房人员外,只有一些"红头阿三"(印籍巡捕)和安南巡捕,正式经商的还寥寥可数。英租界的热闹地段,只在南京路从外滩到河南路一段;过了河南路,有个可以踢球、散步的广场,人们名之曰"抛球场"。两旁的马路边,虽也有一些店面,多半是简陋的平房。到了西藏路,虽然还在租界范围之内,也像西藏一样,已是空旷的"边区"了。

看过《海上繁华梦》《二十年目睹之怪现状》等清末时期的小说的人都知道,在这个世纪之初,十里洋场的繁华区还只限在西藏路以东,过此,就是郊区了。现在的新闸路,当时叫新马路,柳荫夹道,白天可以驰马,夏夜则蹄声嘚嘚,是双双对对乘马车兜风的好地方。最大的花园是张园,据说是南浔富商营造的,坐落在今泰兴路到陕西北路一带,其中楼台亭阁,绿草如茵,安恺第大厅尤为仕女交际的中心。但从当时的上海人看来,去玩一次,正如今天去一趟西郊公园一样,要费些工夫的。至于静安寺,当时是一个孤村古刹,只有到风和日暖之时,有雅兴或信佛的善男信女,才跋涉曲径小路,去做一次旅行。

却说哈同在同伴的引导下,沿南京路走了一段,看看市面,还远不及孟买热闹。从河南路折向南行,走到三茅阁桥,只见洋泾浜一湾黄水,里面密密地停泊着小船,苦力们盘着辫子,"杭育、唉育"地上下装卸着货物。两岸一望都是大小的铺子,有茶馆、酒店,有水果行、山货铺,也有饭馆和点心店。在狭窄的小街上,吆喝叫卖之声相应,夹杂着叫花的乞讨声,语言虽不同,大体也和他在孟买所见的相似,引不起他什么兴趣。

同伴先引他在茶馆里泡了一壶茶,歇歇脚。然后同到一爿饭馆里占了一个临窗座头,说是给哈同接风,先要了一个冷盆,一斤黄酒,边酌边谈。哈同从来没喝过酒,只沾沾唇。不时有三三两两穿红着绿的姑娘们,上来和邻座搭讪,有时还把眼风"飞"过来。同伴告诉他,这是专做外国人

"生意"的，上海人叫"咸水妹"。

以后，同伴又领他去澡堂洗了一个澡，并理了发，回到宿舍，他便纳头入睡了。

待　机

游散了一天，我们这位青年要去上班了。

清早他就起了床，换上一身比较整齐的外套，掏出一面小镜子，就着天窗里射进的晨曦，看了一眼，自己觉得，从头起也还光洁。

这个犹太青年很有几个特点，也可说是德行吧。首先，是很勤快，从小就喜欢帮助妈妈烧火泡水，照顾小妹妹。在孟买的时候，父亲出门了，几个哥哥、姊姊都不大管家里的事，扫地、抹窗、劈柴，还有妈妈要买些米面油醋，几乎全由他一个人包办，从来不推三推四。其次，是爱管闲事，邻居有什么事，他都肯帮忙；弄堂里的栅门坏了，他连忙去敲敲钉钉，哪怕费了半天工夫，他也乐此不疲。还有，他很节俭，离家的时候，父亲知道他不会乱花钱，上船前，换了十块中国银元给他做零用。在香港半饥半饱，只花了三元。这次来上海时，在汕头、厦门，尽管有不少小贩上船兜售各种好吃、好玩的，他一个钱也没有花。到上海坐人力车耗了两角，住客栈花了五角，昨天剃头、洗澡共用了三角，现在，口袋里还有整整的六块大洋。

说是看门——尊称是"司阍",其实,另有一名印度巡捕立在大门外把门,他只是坐在进门的小隔间里,盘问放进来的人。要见大班的,领到写字间或会客厅门口;接头生意的,指点到哪号房间。当然,也要注意出去的人,是否携带些什么碍眼的东西。

那位介绍他的管事,先来嘱咐了一番,下午,又来察访。看到这位青年很勤快,门房间里的号簿等等杂物,也安放得井井有条,接待来客,该笑脸相迎的,该板起面孔盘究的,似乎都能恰如其分,他也就放心了。

洋行下午五点收门后,哈同就没有事了。同居的几个工人收工较迟。天黑后,一起去包饭的小馆吃晚饭。劳累一天,同伴中有掏出几个小钱,叫几两白干,一碟花生米或豆腐干,边饮边伸伸腰腿的。他却滴酒不沾,闷头吃饱了饭,坐在一旁沉思。

一天晚上,他问那个曾领他去游玩的中国工人:"你们扛的是什么货?包装不大,好像你们背得很吃力。"

"你还不知道,这都是烟土。我们这个洋行,做的就是这个买卖。你没有留神?我们住的隔壁那个堆栈里,尽是这批货色。别看它体积不大,每包装二十只大土,每只十斤,连包装外加铁皮,足有二百四五十斤重哩。"

"我怎么没有看到这些包包从大门里运出去?"

"傻子,这种货色哪能从大门运出。是客户先在营业科算清账,开出发条,到仓库里来领货。他们早雇好板车,在后门弄堂里候着装载!"

哈同心中恍然,同时,脑子里转出了一个念头。原先,凡来接头生意的,他在问明了来意以后,就一一放进去了。然而从那天起,他的门房口放了一本登记簿。来客除直接找大班的外,一律要登记,登记好后,"请"在门房外的长条凳上坐下,像就医挂号一样,要等前一个人出来了,才放进第二个。

那些土商急于要成交后把"黑货"载运回去,以便赶速分发给各"燕子窝"(吸烟铺)或外埠来的批运商,看到这个新规定,不免有些焦急。有些机灵的,看出门道,拿一块银元轻轻塞在哈同的手里,说:"我有急事,能不能通融一下?"哈同马上到里面跑一趟,出来说:"请进吧。"

有些排在前面的提出质问,他就用刚学会的中国话回答:"他的——生意——比你们的——要紧。"

别人也看出窍门来了,从此也在登记后,塞了一块银元;有的买卖较大,需"货"较急的,还多加一两块,要求"拔号"。

这样,积少成多,一天至少可以捞到一二十元外快。

那位引荐哈同的管事先生,大名叫摩·亨利,他就主管营业方面的事。本来,他的写字间里,从早上到下午,总是像茶馆一样,挤满了客户,你一言我一语的,抢着在谈生意，签合约。忽然，从某天起，秩序井然了，一帮出去，才有后一批进来，而所有大笔买卖，似乎都排在前面。他心里纳罕。一天，他抽空到门外观察一下，明白了："原来如此。"心想：这个年轻人倒很会动脑筋的，是一个好帮手。下班时，他找到哈同说："你爸爸是我的好朋友，我们是老世交，这一阵太忙，还没机会和你细细谈谈。今晚你没有事吧，同我一起到家里吃顿便饭，也算给你接个风。"

他家住在虹口摆渡桥堍的一条弄堂里，是三开间的一幢石库门房子，堂屋里放着紫檀木桌椅，陈列着福、禄、寿三星的瓷像和自鸣钟，三面都挂有字画、单条，很有点气派。

他先到后面嘱咐一番，然后和哈同闲谈。

"老弟年轻有为，目前的差使，太委屈了。"

"我很想学点本领，多结交几个中国朋友。"

"对我们的业务，有什么高见吗？"

"我看，用抵押的办法，营业额还可以大大放宽。"

这两句话，正中摩·亨利先生的心意。用抵押，用期票，不仅可以增加营业，而且大有"生发"的余地。

哈同当"司阍"，不过一年多时光，就由摩·亨利再三推荐，加上大班也看这个青年十分勤快乖巧，到上海不久，就对上海租界里的情况摸得很熟，中国话也学会了，于是就改派他任业务管事，作为亨利的助理，在一个写字间工作。

一年多来，薪给所入，加上年节洋行的奖金、大班的赏赐、客户们的"孝敬",收入不下三千元。他省吃俭用,蓄下了二千元。花了四百元,在亨利住的弄堂附近,买了一幢半旧的房子,粉刷改装一下,还雇了一个"娘姨"来应门和烧饭做菜,这就成立起第一代的哈同公馆。

他认为银行、钱庄的利息太低,多余的钱,决计不存放进去,而是十元、二十元甚至三元、五元地借贷给附近的居民,借期很短,要有可靠的中保,半个月一结,月息至少五分,到期不还,利上加利,这一般就称之为"印子钱"。靠这个,他又每月可收进近百元。

老沙逊洋行的业务,大宗是鸦片,也兼营一些房地产。在虹口建有一个大的堆栈,附近盖了一片石库门房子,出赁收租。另外,有些客户以房契、地契为抵押来批买烟土,到期不赎,也多归入洋行的资产和业务范围。

鸦片是利市三倍的好买卖,那时老沙逊洋行置有专轮从印度运来,几乎独占了这个市场。没有几年,就造起了一幢四层的大厦作为行址,又盖起了占地三四亩的一座大仓库,收并进来的房地产租金,也日益增多。

由于业务发展的需要,地产从业务科中分了出来,另立一科,大班委哈同做这一科的领班;还被委任为行务员,可以参加大班不定期召集的行务会议。"初出茅庐"的这位刚满二十五岁的犹太青年,俨然是洋行的高级职员了。

不必细说,他那时的薪水涨了,不是每月三元、五元,而是几十近百元了;更主要的,是他的"门路"宽了,像鱼从小沟里跳进了黄浦江这样的大河,可以大肆翻腾游弋了。他的"头子"又活,歪主意特别多,每月收进他荷包的,就不止是什么几百元了。

那时,上海十里洋场的市面,还是沿着黄浦江从南往北发展,从十六铺到洋泾浜,以南京路河南路以东一段为中心,跨越苏州河,扩展到虹口。至于河南路以西,被视为偏僻地区,只有零零落落的小商小店,如烟纸店、水果店以及几家出售鞋帽、化妆品小店所形成的香粉弄之类,此外,还有些零落的居民点。靠近西藏路一带,更为荒芜,虽建有一些石库门房子,多半作为娼寮妓院,供文人墨客和富商大贾寻欢探幽的场所。

老沙逊洋行和其他地产商,都注意收进沿黄浦江一带的土地。这位后进的犹太商人,却"别具慧眼",认为十里洋场发展的趋势,一定要向西发展,于是,他勾结捕房的头目们,连骗带押,把南京路从河南路到西藏路一带的地皮,大片大片地收买了下来。

那时,他已在领事馆办好手续,正式入了英国籍了。

直 升

1883年(清光绪九年),法帝国主义发动了侵略越南(当时称安南)的战争,取得了对越南的所谓"保护"权以后,继续以陆海军分路在边境向中国挑衅,气势汹汹,要逼中国就范。清廷迫于舆论的压力,颁布宣战"诏谕",并把张之洞由湖广总督(驻武昌)调任两广总督(驻广州),主持战备事宜。张在各督抚中,是有名的洋务派;他接任后,即起用冯子材、王德榜等名将,在前线积极布置抗击法军。

这一中法战争,给哈同一次乘坐"直升飞机"的机会;从此,他由一个普通的英籍犹太职员,变成了在英法两租界都很显赫的名人。

中法军队正式交锋后,冯子材、王德榜等即率军自卫反击,节节胜利。到1885年,冯子材部谅山大捷,法军狼狈溃退。原太平天国的旧将刘永福,也率领他的黑旗军在临洮激战中获得大胜。法军弃甲曳兵,几乎溃不成军。

这些败讯传到巴黎,朝野震动,议会中哗然色变,迫使主持这一战争的茹费利内阁总辞职。这也引起了上海租界的洋人们大恐慌,商贾、教士、外交官乃至形形色色的冒险家纷纷逃避,有的迁居香港,有的索性逃回本国。他们深恐中国这一胜利,将大大激动民心,清廷也会振作起来,收回利权。于是,房子出顶、地产脱手之风愈刮愈烈,特别是法租界,地产价一落千丈。

那时,老沙逊在香港,也忙令上海的老沙逊洋行赶快收缩,伺机待变。作为地产部管事的哈同,却向大班进言,说这股风是不会持久的,不仅不该做撤退的准备,而且应乘此机会,大量收进地皮,稳住阵脚。他这样大胆建议,未必出于他对时局有什么高明的估计,主要是他自己手中已掌握了大量地皮,他希望老沙逊洋行能站起来稳定人心,他好连带渡过这一关。

果然,老沙逊大班听了他的话,暂观风色。别的洋人看到老沙逊仍在经营买卖,还在修缮他的大楼,也就不那么慌张了。

天下真有这样的怪事,恐慌的反而是得胜了的中国政府。那时"垂帘听政"的西太后那拉氏,早就被"泰西各国"吓破了胆。她叫张之洞去应战,本来只要装装样子。冯子材等前线将士真的干了起来,她又觉得这岂非虎口撩须!而当国大臣如奕劻、李鸿章等,也深恐对外多事,影响苟安的局面,于是,清廷反急急要求法国早早商议停战。为了表示诚意,李鸿章还严令前线军队后退,放弃已占领的城池。不久,在天津和法方代表开议,签订了丧权辱国的《中法新约》,承认法国对越南的保护地位,并允许法国在云南、广西通商。从此,这两省便落入了法帝国主义的"势力范围",一时"瓜分"中国之声四起。

李鸿章要军队后撤的一纸手令,对正想乘胜前进,一鼓攻下河内,给侵略者以教训的黑旗军将士,兜头一盆冷水,他们只得慨然撤回国境。这也不啻把已如丧家之犬纷纷回国的洋人们,重新"调"回上海,重新干起他们的"冒险"事业。至于硬着头皮留在上海的洋大人，自然更喜形于色，已经"清理行务"的重整旗鼓，尚未竣工的建筑，重新规划，扩大规模。十里洋场的市面，不仅迅速恢复，而且由于从内地迁进了一大批新居民（由于连年灾荒、兵祸），比以前更加繁盛了。

那个时候，鸦片烟的流毒，比林则徐禁烟以前更加无孔不入地深入到内地各城镇，所谓缙绅人家，几乎家家在客厅里设有烟榻，客人来了，敬了茶，必先恭请登榻"香"一筒，像现在敬一支香烟一样；租界里自然更加乌烟瘴气。我们看清末民初的谴责小说，可以看到当时的情景，不论酒楼、妓院，烟榻、烟具都成为必备的陈设，大商号、大小公馆更不必说了。

老沙逊洋行，经中法战争这一风浪，单单在地产上就取得暴利白银五百多万两，租界人口膨胀了，"黑货"买卖当然也跟着暴涨。后起的新沙逊洋行，也步步紧跟，而且营业的手法更灵活，可以预付少量押金，先提货，并给介绍人以优厚的回佣。它在南京路外滩建起了比老沙逊更高更大的大厦，骎骎有后来居上之势。

我们这位哈同先生呢，不必说，他在中法战争前后贱价收进的地皮，全都成十倍地涨了价。他自己估算一下，已经是百万富翁了。

1887年，即中法战争结束的第三年，法租界当局特推聘他为公董局董事,这是租界最高的"荣誉"职(相当于一个最高的咨议),以表扬他维持租界市面的"功绩"。若干年后,他的帮闲文人曾写过一篇《哈同先生兴业记》中提到这件事,说:"当清光绪甲申(1884年),中法以越南事失和,一时谣诼繁兴,租界居民多有迁居者。沙逊肆主以赁舍多空为忧,先生固言无伤,且就此多置地建屋。人见沙逊泰然自若,亦遂无恐。事定,沪上莫不钦服先生之远见。越年,遂被推为法公董局董事。盖以所建议有维持地方之效,故众口交推也。"

哈同为老沙逊洋行立了这么大的功,凭空发了白银五百万两的横财,却只得到奖赏一千两,而且,也没有升迁他职位的表示,心中有些不平。新沙逊看出了这一点,就暗下和他接头,愿意出一倍以上的薪水,聘他去当大班协办,并且表示,大班不久将调升香港总行,遗缺可由哈同继任。

这样,哈同便于1886年由老沙逊"跳槽"进了新沙逊洋行。也就在那一年,他结了婚,对象是中国女子罗迦陵。

罗迦陵是怎样一个人?过去有些书刊,只说她是个福建籍的妓女。这样说,太简单,也近于武断。她在哈同生前,能使他"唯命是听";哈同死后,她继续在爱俪园内外颐指气使,叱咤风云,达十年之久,可见此人也真有点"老娘"的本领。

福建也是沿海得风气之先的地方。她的父亲叫罗路易,

第一章　27

在法国轮船上当水手后，即移家上海，入了上海籍。从他的名字看，可见他是入了教的。她的母亲姓沈，1864年（同治三年）生下了罗迦陵。刚满一岁，罗路易先生便染时疫去世了，遗下寡妻小女，靠佣工糊口。女儿长到十五六岁时，也当了佣工，曾在一个法国商人家里做劳工，因此，学会了几句日常应用的法国话。传说她曾与主人发生过男女关系，这也是查无佐证的事。事实是做了几年，那位法国侨商要回国了，给了她一笔相当可观的钱。因此，即使不再寻找工作，生活暂时是无忧了。有人说，她曾当过"咸水妹"，这是一种专接外国人的妓女。记得1936年我到上海时，《大公报》馆的后门对面，就有两家，装潢很特别，墙是红漆的，窗口开得很高。偶有一两个女子站在门外，穿着大红大绿的洋式衣裤，脸上涂着厚厚的脂粉。也常常听到里面乒乒乓乓打闹一阵，走出几个烂醉了的外国水手，相扶踉跄而去。听说，这样的特殊营业，在当时的虹口一带也不少。

罗迦陵女士是否参加这个行列？是在当女佣以前，还是在那个法国主人回国以后，曾去"客串"过？也无可查考，只能存疑了。

《红楼梦·冷子兴演说荣国府》一回中，贾雨村先生发了一段关于人才问题的高论，现在看来，是有点"先验的天才论"的味道。他说："……彼残忍乖邪之气，不能荡溢于光天化日之下，遂凝结充塞于深沟大壑之中。……假使或男或女,偶秉此气而生者,上则不能为仁人为君子,下亦不能为大凶大恶;……若生于诗书清贫之族,则为高人逸士,纵然生于薄祚寒门,甚至为奇优,为名娼,亦断不至为走卒健仆,甘遭庸夫驱制。……"

拿这段话来评介罗迦陵女士,似乎也有几分可以印证。

她于1886年(光绪十二年)和哈同结婚,那时她二十三岁。哈同是三十五岁,正当盛年,而且正在坐"直升飞机"冉冉上升的时候,业务得心应手,声誉也在公共租界和法租界中鹊起。但哈同自从结婚以后,事无大小,都听命于阃闱,而且口口声声说他的夫人命大福大,相夫有术。以后,他开设哈同洋行,辟建爱俪园和杭州的罗苑,延雇黄宗仰和姬觉弥作为当家的管事,乃至信佛信教,刊印佛经,创办学校,发起学会,并和中国的朝野上层分子接触,所有这些,几乎全由罗迦陵出主意,下决断。其他,还有许多不宜细谈的家庭琐事,罗恣意为之,哈同也深信不疑。拿贾雨村先生的眼光看来,她真不失为一个乖邪之气所钟的奇女子了。

她怎么养成这样大的魔力呢?以后几章再详谈吧。

膨 胀

这位罗迦陵女士,名字并不像一个贫苦、劳佣妇女;还有一个别号叫爱蕤,那就更"雅"了,不知是哪个法国主人,还是哪位文人学士代她起的。她和哈同结婚后,"出嫁从夫"，又取名俪穗·哈同（Liza Hardoon）。

哈同信犹太教，那位俪穗夫人，早年即跟着母亲求神拜佛，两人信仰不同。哈同特地进行了两次结婚仪式，一次在犹太教堂，一次按中国传统仪式，男的穿着袍子、马褂，女的凤冠霞帔，八幅罗裙；也是花烛高烧，交拜交杯。两方亲戚都不多，而与新老沙逊洋行有关的客户，还有工部局、巡捕房的中西友好，来宾贺客到了不少，开筵数十席，喜幛挂满了大厅。

为了迎娶这位夫人，哈同特先在虹口近自来水桥附近自己的地皮上，建造了一幢宽广住宅作为"香巢"，这就是第二代的哈同公馆。

这位夫人也的确"相夫有术"，结婚的第二年，哈同便被法租界任为公董局董事；而且，那时上海的市面，的确一天天向西发展，河南路口到西藏路一段，日益繁华起来。哈同手里掌握的地皮，一天一个行市，成倍成十倍地飞涨。哈同夫妇的口袋，也就一天天膨胀起来。

犹太人中的一部分，给人的印象是俭朴、吝啬、一钱如命，但这只是他们的一面；为了猎取更大的利益，他们有时也会挥金如土。要都像莎士比亚笔下的威尼斯商人那样目光如豆，又怎么会出现那么多操纵国际市场的财阀呢？

我们这位哈同先生，也是其中的杰出人才。他为了加速南京路的发展，加速抬高地价，向工部局建议，他愿意拿出六十万两银子，用铁藜木，从外滩到西藏路，把南京路全部铺成一条平坦的马路。铁藜木是坚硬的，他用了几百个工人，费了几个月，先把它截成约二寸立方的小块，浸以沥青，然后细细拼成平路，再喷上一层薄薄的柏油。一共铺了几百万块这样的木头。据说，每块实值六七角钱。那时，六七角钱可以购买白米三四斗，可以吃一客像样的"大菜"了。

他还派人到处宣传，说铁藜木铺的路，特别平坦而有弹性，走在上面特别舒适，一场大雨后，水马上就被吸干了。

这消息传到江南各地，"层层加码"，说上海的马路都有用红木铺的，可见这十里洋场，真是堆金积玉、纸醉金迷的地方，他们把南京路看成是一条发家致富的黄金之路。

于是，这位哈同的大名，遐迩皆知了！

"有土斯有财"。新老沙逊洋行，主要靠贩运烟土、抬高地价发财。哈同则更着眼于土地，以贱价大量收进地皮，供人租地造屋，或自建大楼及市房出租，收取暴利。但他也没有放弃从烟土上可以发财的机会。举例来说，大约在1890年，他已升任新沙逊洋行的大班了，"公私兼顾"，他一面继续为洋行大做鸦片买卖，一面利用他从地产上获取的大量资金，自建仓库，大量囤积烟土，待价而沽。那年清政府又照例下了一道禁烟"诏"，说是严令禁闭烟馆；还由上海道移文英法等国领事，严禁外侨再运入鸦片。那时，清政府已鼓励西南、西北等省官吏，强迫农民试种"洋药"，烟土产量年有增加。英国领事的答复说:"贵政府如欲禁烟,应先命令将自种烟苗加以铲除。"那时的海关,早被英籍的总税务司控制,他根本不理睬清政府这一禁令。

上海道却雷厉风行,下令查封租界以外的烟馆,并禁缉运带烟土的人,一时颇有"假戏真做"之势。一班小本经营的小烟馆、小土贩,都有些惴惴然,不敢再大量进货,烟土价一时大幅度下跌。哈同已是一个中国通了,又有一位善于策划的贤内助,他们断定,这是中国政府"寓禁于征"的老一套办法,好乘机加一次烟税,以开发财源,禁一次实际将更放宽一步,烟土价不久将大大上升。他让新沙逊继续大批大批地运进;他自己手里,本有一万箱(一百多万斤),乘机又大量吃进。不久,禁令果如过眼烟云,所谓华界里的黑市活动,更加活跃起来。烟价在一星期中,暴涨了三成;在这一落一涨中,哈同又发几十万两的横财。

19世纪70年代初,上海已出版了初具规模的《申报》(英文报如《字林西报》创刊更早),到中法战争后不久,《新闻报》也出版了。有人说,为什么后来有一个长时期,报馆都集中在望平街(山东路九江路以南一段)附近?那是因为历史的根源。并非由于这一带交通特别便利,适宜于办报。一则因为初创时的《申报》等,规模、资金都很小,只能在抛球场外面空旷、偏僻的地段,建造简陋的馆址。其次,那里离洋泾浜近,便于由小火轮、班船把报纸带往苏杭各地;

离南京路闹市区也不算太远，报贩可以及时取报叫卖。

中法战争后，不仅南京路、河南路以西的市面日益繁盛，九江路、汉口路、广东路等也正式改筑了马路，建起了一排排石库门房子，也开始有了饭店、浴室、烟纸店、旅栈等小商店。租界里洋人也多了，英租界虽和美日租界合为公共租界，包括了虹口和杨树浦一带，但市中心已成为"寸金地"，他们就把抛球场搬出租界，在西藏路口强租强征开辟了一个大规模的跑马的广场，作为洋人们寻欢纵赌的地方。

这又为哈同开辟了另一财源。那时，他已升为新沙逊的大班，公共租界工部局也请他当了董事，并被聘为租界法院的陪审员，变成屈指可数的"头面人物"了。

20年代，我初到上海时，就在报上看到"越界筑路区"这个怪名词。后来才知道，从静安寺直到沪西兆丰公园（今中山公园）这一大片，租界"自动"辟建了马路，而马路所达之处，设岗警，收房捐，变成了变相的租界。

其实，稍了解一下十里洋场的发展史，就知道"越界筑路"这个霸占的花样，早在19世纪的90年代之初，就已发明了，哈同就是发明者之一。他们在修筑跑马厅的同时，强行在附近修筑马路，越来越向西延伸。而触须所及之处，即驱赶农民，强占农田，只给极少的代价，连原由中国人自行修筑的新马路（今新闸路）一带，也被他们囊括进去。哈同这个英籍犹太人，"目光"就更远些。他根据过去的南京路西段贱价收进地皮的经验,在那时还只有荒村茅店的静安寺以东,划了一大圈土地,约有三百多亩,利用他当董事、陪审员的声威,贿买当地的巡警和地痞流氓,以极少的代价,强迫那里的农民出售搬迁。花的钱,比在跑马厅附近收买地皮,便宜得多了。

到1899年,北方发生义和团起义,列强将再一次武装侵略的风声越来越紧。一个披着传教、办教育、办报纸外衣的美国人福开森,本来和湖广总督张之洞(又由两广回任)、两江总督(驻南京)兼南洋大臣刘坤一等有勾结,这时他唱出了"东南互保"的口号,推当时任两广总督的李鸿章出面领头,说北方如发生战事,东南各省(包括两江、两湖、两广)绝不介入,仍保持和各该地洋人和睦相处,外人也不以干戈相加。福开森还向上海的英、美、法等总领事出主意,乘机向中国方面交涉,大大扩充租界。经过一番交涉后,签订了新约,公共租界西面从西藏路划到静安寺以西附近,东面从杨树浦推扩到顾家浜(现平凉路军工路附近),共计扩充面积达二万二千八百多亩。在1845年"开埠"之初订立的《租界地皮章程》中所规定的英租界面积只有八百三十亩;后来,和美日租界合并,一共也不到一万亩;经此次扩充,总面积达三万三千五百多亩。法租界的西界,也由八仙桥附近一直扩展到徐家汇,扩大了几十倍。

这样,哈同以贱价收进的三百多亩土地,都列入了租界的范围之内,"一登龙门",身价十倍。静安寺附近,也有人置地造房,慢慢地发展成为居民点。

那时的哈同,已拥有几百万财产,几百亩地皮,又兼任两个租界的董事,已膨胀成为租界的洋大亨,不再甘于寄人篱下,自己独立开设洋行的一切条件已经具备;而建造一个大安乐窝的腹案,在他们夫妇脑子里,也早打定了。

1901年,他脱离了新沙逊,成立了哈同洋行。从此结束了代人作嫁的生活,而进入他一生中最"辉煌"的阶段。他在老沙逊干了十三年,在新沙逊干了十四年。

第二章

创　业

英商在上海开设洋行、公司、商号，规定都要先向香港的港英政府注册。为此，哈同特地跑了一趟香港，办好这一手续，在此期间，南京路上哈同洋行的大厦，已修葺一新。1901年的一天，洋行正式开张，自然有一番热闹，不必细说。

在哈同一生的历程中，也进入了一个新世纪。

哈同洋行的注册资本，是二百万两银子。他的营业项目，是地产和国际贸易，简单说来，无非还是地"土"和烟"土"两项。这两者，他都积累近三十年之经验，现在，完全为了自己的利益，当然更加使出浑身解数了。至于洋行的规章如何，他如何在贩运烟土上和新老沙逊竞争，逐渐取得上风；他又如何以高价出租土地，如何大造市房，想尽一切苛细的办法盘剥租户，以及他如何放高利贷等等，就不详谈了。

现在话分两头，先表一个与哈同夫妇此后一段生活有密切关系的人物。

此人姓黄名宗仰,常熟县人,早年读书很聪明,对诗书绘画,很打下一点根基,而且长得一表人才,工言善辩。十八九岁即赴日本留学,先是倾向维新,崇拜康(有为)、梁(启超),旋又倾向中山先生的革命学说。学习了两年,就回国了。不知是为了"情场失意",还是为了早就剪去了辫子,被人指指点点,目为假洋鬼子,一气之下,看破红尘,遁入深山,索性在一个小庙里削了发。为时不久,有人说他和山庵的尼姑发生了友谊,沸沸扬扬,流言蜚语,愈传愈盛。他存身不得,辗转到了镇江金山寺,被长老派为知客僧。那是19世纪最后几年的事。

再说,哈同洋行创办后,经过一番忙碌,很快就订出一套规章制度,渐入正规,哈同也可以抽空歇歇了。那时,这位迦陵夫人才四十来岁。生活情趣正浓,便怂恿她的丈夫,去江南各地游览湖山胜景。游了杭州、苏州、无锡,再去镇江,遍历金、焦、北固,领略长江的雄伟气势。在金山寺,看到这位年轻的知客僧,品貌端庄,谈吐不俗;又看到壁上挂着他的字画,似乎也很有些功夫。这些,首先打动了夫人爱才的念头。"我们有一块空地,正准备盖一个花园,请问上人有什么高见?"

"园林布局,是一门专门的学问,贫僧对此曾留心过,但说不上有什么研究。粗粗地说,要因地制宜,要紧凑,也要疏朗，切忌俗气；在十里洋场这样的环境，也不宜完全模仿苏杭园林的成套。但不知占地有多大？"

"有五十来亩，我们想兼营一套别墅，也想有一座小小的佛寺，上人是否可以前往挂锡？"

那位知客僧客气了几句，答应安排一番后，下月就到沪拜访。

不久，这位上人就成为哈同家中的座上客，特别和女主人相对说法，十分契合。他对外，自称"乌目山僧"。

1902年，成立不久的上海南洋大学堂（交通大学前身），发生了一次轰动一时的学潮。该校的总办（校长）福开森，实际是两江总督的驻沪"坐办"，随时报告一些"夷场"的情报——特别是有关"乱党"的动态；并和各国领事署接触。租界当局，也利用他向两江督署恐吓威胁。他对学生完全采取高压政策，学生们对他早已忍无可忍。乙班里有一个国文教师，是福开森的亲信，上课时动不动挥动教鞭，破口大骂，学生们恨极了。大家商量一阵，在他一次上课前，放一瓶墨水在教员的座椅上。那个教员是高度近视，铃声一响，他一身整齐的袍褂，道貌岸然，夹着一包课卷进来了。级长照例喊："肃立，敬礼。"他刚把头点一下，就一屁股坐了下去，却觉得下面硬邦邦的；用手一摸，袍子上已湿了，凑在眼镜下一看，手已全黑了。他咆哮了一阵，立刻夹起粉笔、书卷，连忙去总办处陈诉。福开森不问青红皂白，马上贴出布告，将全班学生记一大过，并说要查明为首肇事者，予以开革。全校学生闻信，都愤愤不平，有些进步师生还酝酿罢课罢教，而福开森还企图高压。那时，蔡鹤卿（即蔡元培，字子民）以翰苑名士在该校教授，闻信义愤填膺，率领四五十个学士，毅然徒步离开学校。这批学生中，有后来成为名科学家的胡敦复、曹惠群，名教授沈步洲，以及名新闻工作者伍特公等。

正在这时候，南京陆师学堂的学生章士钊等，也因不满学校腐败，来沪另谋求学之所。还有一批留日学生，因为反对帝俄侵略东北——在订立《辛丑和约》后还不肯撤军，倡导组织国民抗俄军，被日政府驱逐回国。

如何安置这些学生呢？蔡先生找他的朋友章太炎、吴稚晖、蒋维乔等商量，决定成立爱国学社，由他们义务担任教授；估计租房、购置课桌及师生的食宿设备，开办要费一大笔钱。黄宗仰也在座，他从到上海后，凡是张园举行什么爱国演讲会，他都去参加，和蔡、吴诸人已结成朋友。他当时拍胸脯说："这事，我去找哈同商量，他会出钱帮助的。"

他其实是去找说话能算数的罗迦陵夫人。第二天，他就带来了一张支票，说哈同夫人已慨允资助五百两，以后经常所需，也还愿意协助。这样，爱国学社不久就正式成立了，地点在现在的西藏路市百一店对面，当时是新盖起来的若干幢市房，是否叫庆余里就不大清楚了。以后，中国教育会也宣告成立,在这里挂出了牌子。

总之,从此以后,这些爱国学生有了弦歌和食宿的地方,章太炎、吴稚晖等也寄宿在里面;蒋维乔兼任商务印书馆编辑,定期来上课,还来参加"军国民教育"的体操课,师生的情绪都很好。

1981年,纪念辛亥革命七十周年,我在上海博物馆的展览会里,看到爱国学社的一张照片,有一个披着袈裟的和尚站在第三排的头上,三十来岁,很秀气,这当然就是那位乌目山僧。他是否在学社里挂什么名义,就不得而知。

我看了这张照片,很有点感触。那个时候,也许有人会说,乌目山僧这样热心奔走,是出于附庸风雅;罗迦陵的慷慨解囊,是想沽名钓誉吧。但那时虽还没有发明动机要由效果来检查的真理,师生们对此雪中送炭似应是感激的。平心而论,五百两银子在哈同家里,虽是九牛一毛,但白白奉送却也不容易。而且,蔡子民、吴稚晖等,以后虽是学界名流、"党国"要人,那时还被官场目为"不逞之徒",向他们送炭,不仅无名可沽,无誉可钓,还要冒一定的风险。而这个在民主革命史上成为一块里程碑的爱国学社,如果得不到这笔资助,可能不会顺利成立。所以,我想,不能根据坏人总是从头烂到底、一无是处的公式,而抹杀他们曾做过的好事。

闲话少说,爱国学社成立以后,莘莘学子得了安静的求学场所,虽设备简陋些,但没有官立学堂那种烦琐的规章约束,生活、学习都感到舒畅,加上几位老师如蔡鹤卿、章太炎等,都是一时之选,所以都心满意足。

老师住校的,只有章太炎、吴稚晖和一位管理杂事的庶务先生。章太炎那时近四十岁,已是知名的国学大师,但生活上很有点名士作风,古怪脾气,有时把头发盘在头顶,着一件自己研究出来的古装,像个道士一样;又不修边幅,内衣裤往往想不到换,被褥也少整理,和学生们讲学,往往发出一股味道。讲起课来,旁征博引,滔滔如长江之水,有些国学根底浅的人,往往不易听懂。顽皮一点的学生,背后称他"章疯子"。

吴稚晖那时也是个名士——他曾在江阴的南菁书院当过教习,又曾东渡留学,回国后,几次在张园安恺第大厅发表演说,反对君主专制;也曾在商务印书馆出版过《上下古今谈》这类的通俗科学小品,很受倾心新学者的欢迎。他口才便捷,善于插科打诨,因此,常常和古板的太炎先生发生口角,甚至相对拍桌瞪眼。"章疯子"这个"雅号",大概就是吴怂恿少数学生叫出来的。

为了章、吴之间的争吵,乌目山僧常以方外人的身份,加以调停、劝解。

那时,上海的大小报纸,如雨后春笋,有的谈风说月,刊些斗方名士的诗词歌赋;其中也刊了不少流传一时的小说,如《海上繁华梦》《海上花列传》和《官场现形记》

等；有的宣传维新；有的倡导民主革命。其中，有一张《苏报》，1896年创刊，原是一张外人投资的小报。1902年时，由一位被参革的落职知县陈梦坡接办。陈倾向维新，他的独生女儿陈撷芬，只二十来岁，却思想进步，颇有文学根底，是一位了不起的人才。她看到《苏报》言论吞吞吐吐，只销几百份，难以维持下去，便向父亲建议，何不请爱国学社的师生来写稿，并多登教育界的新闻，来打开销路，提高报纸声誉。

陈梦坡听了，深以为然，就连忙托人向爱国学社的吴稚晖等接洽，订定了合作的几个条件，第二个月起就实行。

风　波

什么样的条件呢？一、《苏报》每天的论说（即后来各报的社论），由爱国师生负责撰写；二、每月由《苏报》致送笔墨费一百两；三、《苏报》的主编，由爱国学社推荐，每月薪水三十两；四、爱国学社和中国教育会的活动，《苏报》有宣传的义务。

每月一百两的固定收入，对初成立、在经费上动辄见肘的爱国学社，当然"不无小补"。于是，由章太炎力荐，推学生中国文最好的章士钊去任主编，由章太炎、蔡元培、吴稚晖负责言论。

太炎先生倚马千言，当时文字也没有他后来那么古奥；

他的民族革命思想很浓厚，《苏报》的言论工作，他出力最多。接事不久，即转载了在东京出版的四川青年邹容（那时刚十八岁）所写的《革命军》，太炎并写登一篇长序为之宣扬。他又连续撰写了《客民篇》《驳康有为政见书》等等掷地有声的名文。康有为那时提倡君主立宪，还拥戴光绪皇帝；文章在反复说明君主立宪不能救中国的道理后，直斥光绪为"载湉小丑，未辨菽麦"。意思是说："你所吹捧的圣主明君，其实是一个浑小子，五谷还分不清呢。"在介绍《革命军》一文中，则揭露慈禧穷奢极欲，移海军经费建造颐和园的罪行；甚至破口骂她是个"卖淫妇"。

那时正当"辛丑"丧权辱国之后，舆情愤激。读者看了这些，是痛快极了。而这位"老娘"，看到上海道袁树勋和福开森等的密报，火冒万丈，一定要把这些狂徒打入十八层地狱，还要踏上一只脚。

那时，张之洞已调京任协办大学士，继刘坤一之后任两江总督的满族"名士"端方改任湖广总督，魏光焘补任两江总督。慈禧命这三人负责办理这个案子。

魏光焘奉"谕"后，不敢怠慢，连忙知照上海道袁树勋，向上海英美等国领事交涉，并通知福开森从中疏通，务必封闭《苏报》，把章炳麟（太炎）、蔡元培、吴稚晖、邹容几个"钦犯"，以及《苏报》主人捉拿、引渡，以便"正法"。

张之洞、端方还密令他们派在上海的"坐探"赵竹君相机策应。提起这位赵竹君,还应稍费笔墨,给他勾一个"脸谱"。他年轻时就小有才,虽不得意于科举,书画琴棋却样样来得,夤缘入张之洞幕。他善摸张的"风向",事事能先意承旨,得到张的器重和信任,湖广总督府中,称之为"赵美人"。后来,不知因什么事,失了张的欢心,被辞退了。他退居上海,当了租界寓公。

这种角色,总是代代"行时",不会寂寞的。他不久又和端方搭上了关系。和张之洞也藕断丝连,接受他们的津贴和密委,在上海结交中外官场,向两位"督宪"通风报信。以后,在哈同花园落成后,他还在花园对面的南阳里营造一幢住宅,客厅署额曰"惜阴堂"(为了在政海出卖风云雷雨,他确是争分夺秒的);他还结交哈同夫妇,利用哈同花园,以后在辛亥革命及南北议和中,做幕后活动。这些细节,下面还要详表。

却说魏光焘安排了袁树勋、福开森、赵竹君等在明里暗里分头去办这一钦案后,还放心不下,想派一个懂得洋务的候补道去协助袁树勋办这个案子。当时任陆师学堂总办兼路矿学堂(鲁迅在留日前,曾进过这个学堂)总办的湖南人俞明震(恪士),讨了这个差使。他到了上海,在还很清静的九江路、浙江路口附近,租了一幢三开间的石库门房子作为行馆,楼下住着随员,布置了一间客厅。他和同来的儿子大纯,则住在楼上。大门上贴着"湘江杨寓",以掩人耳目。

据说,他讨这个差使,目的是"恐伤士类",想在办案中做些手脚,相机开脱这几个思想激进的"知名人士"。他自己曾去过日本,他儿子大纯在留日读书时,还曾和吴稚晖有一面之交。

入民国后,吴稚晖一直被目为淡于名利的老革命,标榜不做官、不纳妾,信奉无政府主义;又在文化界很知名,特别在"科学和玄学"的论战中,丁文江和张君劢是两造的主将。他站在主张科学救国的一面,被当时的青年们称为进步的"老少年"。在南京国民党政府成立先后,他是"清党"的提倡者之一,后来一直被尊为"党国元老",始终维护蒋介石,曾被鲁迅称为"大观园中的刘姥姥"。"桀犬吠尧,各为其主",这些,用封建的尺度来衡量,总还是可以理解的。但在这次《苏报》案中,他却干了一件极不光彩的事。

俞明震把公馆安排好后,先去拜会上海道,并和福开森约在他的寓所见了面。福开森说,领事团的意见还不一致,美国领事怕因此引起中国人民的公愤,英、法领事则基本同意封闭报馆,但对于捕人、引渡,怕因此开了干涉租界职权的先例,都在踌躇,自己正在多方劝说中。俞明震听了,知道此事尚不甚紧迫,还有时间可以做些手脚。回公馆后,便嘱咐儿子尽快设法去找吴稚晖,最好约他来当面谈谈。

大纯奉命后,立即去爱国学社左近等候,总不见吴的踪影。第二天一早,他在梳洗时,把假辫子抽去,留着个"鸭屁股",换上一身留日时制备的西服,戴了便帽,便匆匆出门。好在从二马路到爱国学社,没有几步路,不用套马车。他步行到那里,说明会见吴先生,要门房进去通报。门房看来客的打扮,像是一位开通的贵家公子,想必和吴先生是至好。一脸笑容地说:"您请坐,您好在来得早;吴先生总是清早起床,要去新马路跑一大圈,说是练身体。您要来迟一步,就会不到他了。"说毕,就进去了。不一刻,看到吴跟着门房走了出来。一年多不见,像又苍老了些。不到四十岁的人,中间的头发已秃了一块。彼此拱拱手,说一声"幸会"。大纯忙把吴拉在一旁,轻轻地说:"我这次是跟家父一起来上海的。他命小弟一定要找到老兄,有事要面谈,屈驾就跟我去一趟好吗?"

"今天上午我有课,下午已早和几个无锡同乡约好,去给一位长辈拜寿,实在抽不出时间。明晨一定登门拜访尊大人和老兄。"大纯无可奈何地说:"那么,务请及早光临。"说毕,讲清了地点、门牌。

吴稚晖盘算了一夜,他知道俞恪士是南京官场有名的干员,又在学界很出名,此来不知为了何事,有什么要事要约他面谈?"难道是约我到南京去教书?"想想又不会亲自出马来面邀。翻来覆去,一夜没有睡好。清早起身,穿上袍子马褂,戴一顶平顶瓜皮帽。大堂里的自鸣钟敲了八下,他就出门,马路上马车、黄包车和行人还很稀少。到了二马路,按门牌找到了目的地,抬头一看,原来是一幢新式的石库门洋楼,大门油漆一新。看到门上新贴的红纸上,写着"杨寓"字样,不免有些迟疑;掏出大纯写给他的条子一看,门牌号数一点不错,正想上前敲门,看清门原来是虚掩的,忙趑了进去。

门房间里走出一个青衣小帽的年轻小使,看了他一眼,忙问:"是吴老爷吗?我们少爷已候驾多时,请到楼上签押房(首长办公室)坐吧。"吴点点头,跟着这个小使进去,瞥见大厅和厢房里,都有几个人伏案在办公。到了楼梯口,小使叫了一声:"吴老爷到!"退回去了。吴连忙拾级登楼,大纯已在梯口笑脸相迎,引他进房,向从太师椅上站起来的老人恭敬地说:"这位就是稚晖先生。"吴向前躬身一礼。老人笑哈哈地说:"幸会,幸会,大纯早已对我谈过老兄英年有为,文章也极好,请坐,请坐。"吴看这位老者,五十上下年龄,留着一把短须,一身紫色缎袍,罩上一件黑绒的背心,没有戴帽,辫子还是乌黑的,手托一个水烟袋,说的是湖南腔的官话。先寒暄了几句,然后老人慢吞吞地说:"老兄热心教育,在爱国学社教书,好得很,教育是立国之本啊!"说毕,抽了一筒水烟,又不经意地说:"听说足下还在报上发表文章,是吗?"吴稚晖听了,像骤然触了电,神经一震,忙答道:"是几个朋友怂恿,偶然试试,写得很少。"老人微微一笑,从抽屉里抽出一个封袋,命大纯递过去说:"老兄请看一下这件公文。"脸色依然带着微笑。

吴把公文抽出来一看,是两江督署的一个抄件:"……查有不法文人在上海《苏报》肆意诋毁朝政,倡言叛逆,元凶首恶吴敬恒、章炳麟、蔡元培、邹容四人,尤为狂悖,竟敢丑诋皇上,实属大逆不道,罪在不赦。着知会租界当局,务将以上各元凶首恶及该报主办陈范等一体缉拿归案,从严法办,切切勿误。"

像五雷灌顶,吴稚晖头脑轰鸣,浑身发抖。他好不容易看完了,涨着一张红脸说:"晚辈不敢那样放肆,这些叛逆文字,其实都是太炎、邹容他们写的。"

俞明震依然没有收敛笑容,把公文接了回去,放入抽屉说:"笑话,笑话,老兄不要那么认真。"又说:"梦坡也是老朋友,我已托人知照他,一切以小心谨慎为是。太炎先生的学识文章,老朽是素来钦佩的,只是有些太露骨,太不检点了。老兄应该多尽朋友之道,劝他们自爱。"他说一句,吴稚晖诺诺地说一声"是",一面掏出手巾不住地揩汗。

老人又笑着说:"笑话,笑话,我们先吃点点心再谈吧。"

赐 面

那时,一阵楼梯响,一个听差手托一个红漆方盘,走了上来。方盘里放着三碗热气腾腾的虾仁面,还有四小盘冷菜,外加酱油、醋两个小碟。听差把碗筷盘碟安放好后,俞道台先在主位坐下,连声说:"请,请,请,一点粗点心,我们不讲客套,请随便用点。"说着,他先吃了一筷面,并搛了一块白斩鸡。显然他是叫吴放心,里面没有下过毒。大纯请吴坐了上去。吴那时心中翻腾,七上八下,勉强吃了半碗,放下筷子,说:"晚生已在学社吃过早餐,实在吃不下去了。"俞明震也放下了筷,一脸诚恳地说:"国家正在用人之秋,你们年轻人前程无限,最好到外国多阅历阅历,回来帮助国家革新图强。"吴起身告辞。老人送到楼梯口,说:"恕老朽年迈,由大纯代送吧。"并说:"有事可多通信,我住南京芝麻营六号,信上只称我为俞燕,下款写吴谨好了。"

这一幕,显然是俞明震爱惜"士类",设法向吴透露关节,让吴及早通知章、蔡等人,早日出国避祸。应该说,他是担了风险那么做的。

哪里知道,吴出于睚眦之忿,并不把这消息告诉章太炎和邹容(那时邹也被日本当局驱逐,回到了上海),只通知蔡元培,蔡闻信连夜化装去了青岛。

过了几天,福开森等的交涉办通了,租界当局出动巡捕、包探,一面把苏报馆查封;陈梦坡不在,捕了在经理部职员龙泽厚、钱葆仁、程吉甫等。一队包围了爱国学社,警探四处搜查,指名要逮捕章炳麟、蔡元培、邹容(吴稚晖显然经俞的说项,名字被勾去了)。章还未起床,学生们在门前拦住警探说:"这是杂物间,章先生早出门了。"正在争执的时候,太炎穿着内衣,开门大喝道:"我就是章炳麟,你们要怎么样?"当场章就被上了手铐,由如狼似虎的警探,带到了福州路巡捕房关禁。第二天,邹容闻信,说:"章先生因我获罪,我不能置身事外。"自己到捕房投案受禁。

最近看到电影上重现这些人物,似乎把吴的脸谱,勾得太轻淡,又平白在俞氏父子鼻子上抹上白粉,我以为很不妥切,因此多浪费些篇幅,把经过细叙一遍。其实,当时的材料,以及后来公开的清宫档案,对此案说得很明白。吴发表的自白中,虽百般狡辩,但对赐面一幕,也"交代"得很详细。

由于舆情的愤愤抗议,外文报纸又坚决反对中国官方在租界任意抓人,租界当局不敢把"犯人"引渡,只判了太炎有期徒刑三年,邹容两年,关进了大牢。

到1906年,章刑满出狱,由刚成立的同盟会秘密接往东京。邹则早在一年前刑期快满时,因不堪虐待,瘐死狱中。这些,近代史籍上早有详细记载。

在章等被拘之后,判刑以前,吴稚晖还洋洋自得地去探了一次监,这就自己露出马脚,引起了以后连续多年的章、吴笔战。

吴稚晖到福州路捕房探监时,装上辫子,化装成一个土头土脑的小职员。因为是中外瞩目的钦犯,捕房特地派了两名西捕在旁监视。他们对中国话听不大懂,特别对吴的一口无锡土音和太炎的余杭腔的满口之乎者也,更莫名其妙。

据太炎事后回忆,吴那天是一脸得意之色,说太炎是书呆子,听到巡捕到社捉人,为什么不从后门溜走,反而挺身出来就捕?邹容自动投案,更是"少不更事",留得青山在,还可革命,何必冒充好汉!他说,从参加爱国学社起,他自己一直是警惕的;《苏报》连续发表激烈的文章后,他更时刻留心,有时还去朋友家借铺,不住在社里。嘴说滑了,把他如何去俞公馆,俞明震如何对他关照,以及赐面、劝告等等,都兜了出来。太炎越听越气,认为吴料他们必将被引渡、处死,所以用这些话来气他。太炎闭口听他啰唆。邹容听到吴曾看到逮捕的"火票"(逮捕令),又听说俞明震曾暗示要他们躲避,气极了,质问说:"你为什么不通知章先生?"吴稚晖这才知道自己说漏了,一时脸色蜡黄,支支吾吾说:"太炎见我总板起面孔,我没机会谈呀!"当时,程吉甫、钱葆仁等还未被保释,在旁听了,也你一言我一语的,纷纷对吴质询。

后来,太炎出狱到东京,中山先生请他担任同盟会刊物《民报》主编。那时,吴也在日本,还是嬉皮笑脸,以老革命者、斗士的姿态,到处演说、标榜。章追忆往事,把这一段经过彻底予以揭露,这就引出了一场笔战,时间长达几年。一方曲意辩解,一方穷追猛击。鲁迅先生那时也在日本留学,后来在他的杂文中曾说,太炎先生谈小学、释经文的文章,古奥难懂,而攻战之作,则明快晓畅,针针见血,令人拍案称快。

这场笔战,一直到1943年,那时太炎先生早已逝世(1936年)了,吴在重庆还发表了一篇《上海〈苏报〉案纪事》以为死无对证,放出冷箭,想推翻这一铁案。正如鲁迅生前早就说过的"可谓怨毒深矣"!

太炎在"攻战"中,还牵及吴的其他丑事,说吴"不投大壑而投阳沟,面目上露"。那是指日本政府根据中国驻日公使的照会,驱逐一部分留学生回国,吴也在内。警察把他们押在车内,经过皇宫外的御沟时,吴跃身跳入。自然,马上便被救上来了。章是揭他的装腔作势,伪装勇敢。

还可以附带讲一个小故事:1929年冯玉祥将军和阎锡山酝酿联合反蒋时,这位"刘姥姥"又出来为蒋帮腔,发出通电,劝冯"悬崖勒马,迷途知返"。冯当即回敬了一个措辞十分辛辣的通电。那时,我正在太原采访。冯的机要秘书雷嗣尚是我大学时的高班同学。他很得意,拿尚未发出的电稿向我"请教",说是他起草的。前面叙了一段吴过去如何帮腔,在历次内战中如何为虎作伥,最后说:"如有人不揣愚妄,直指先生为苍髯老贼、皓首匹夫;并劝先生善补尔裤,毋使后穿,先生将作何感想?"

大家知道,前者是引用了"诸葛亮骂死王朗"的典故,后者则是新典,就是太炎当年"攻战"中骂吴稚晖的话。通俗的意思,是"你留心点吧,不要再放屁了!"

《苏报》被封后,陈梦坡匿居了一段时间,清廷要求引渡章、邹不成,放弃了对其他人的追捕。空气缓和了,陈也不再想重理旧业,从此消极,后来郁郁以终。倒是他的女儿陈撷芬,敢于再接再厉。她还曾创办一所女子学堂,还创刊了一份《女报》,宣传放足和男女平权。以后,章士钊及其友人筹创《警钟日报》,苦于经费支绌,撷芬女士还典卖首饰,凑足了两千元,送往资助。

章士钊在主编《苏报》期间,不时和这位撷芬女士以诗词相酬唱,互相钦慕,产生一定的感情。以后,章和吴弱男女士结婚,撷芬女士则嫁给一位四川的银行家,十分不得意,中年就亡故了。听说,章晚年曾向她的亲属出示当年他们唱和诗词数十首,表示对这位知友的深切怀念。撷芬女士的堂妹,就是前辈科学家任鸿隽先生的夫人陈衡哲女士。这些,都是后话。

章、邹被判刑后,其他被捕的钱葆仁、程吉甫等即交保释出。只有龙泽厚(积之)被关禁了几个月。龙中过举人,原在《苏报》协助陈梦坡办些文件笔墨的事。《苏报》案发生的前一年,维新党的唐才常谋在武汉起事,为筹募军费,在汉口秘密发行了"富有票",这大概是中国彩票、有奖储蓄之类的嚆矢。唐事败被害,清廷还大事株连,这就是当时喧嚷一时的"富有票案"。清吏硬说龙与此案有关,捕房盘诘了几个月，最后"事出有因，查无实据"，就糊里糊涂地把龙释放了。

爱国学社被封，当然不再容恢复，爱国女学因为设在另外的地方，乌目山僧出面交涉，说这是哈同夫人创办的，又有正当商人蒋智由等参加，得以维持下来。所需经费，仍由他通过罗迦陵捐募，教员也由蒋及蔡元培等张罗聘请。到1909年，才由罗迦陵正式出面任董事长。后来，哈同花园里的帮闲文人编的《罗迦陵夫人年谱》，也写了一笔："宣统元年，夫人四十六岁，筹办爱国女学校，从旅沪诸士绅请也。"说筹办，其实是接办。

这所女学后来换了主持人，一直维持到解放，它是我国最早创办的女学之一，几十年中，培养出不少人才。解放后，改名爱国中学，成为上海有名的中学。

综上所述，可以看出一个问题。哈同和福开森，当时同是外籍的名人，同样是冒险家，但在具体表现上，却并不一样。福开森是办报馆（《新闻报》），办学校，主要是对我国进行文化侵略，还盗卖古物、古籍，发财致富。哈同则主要是贩卖烟土，囤积地皮，并在出租和放高利贷上残酷剥削我国人民。在"双手沾满中国人民的血汗"上，是难分轩轾的。而在《苏报》案这一事件中，此两人所扮演的角色却大不一样。福开森是清廷的鹰犬，利用他的地位，送情报，出主意，千方百计想杀害章太炎等，帮助清政府镇压中国革命力量。哈同则至少并未帮凶插手。他的夫人，不管有意无意，还出力资助革命力量。直到《苏报》和爱国学社被封，还不避嫌疑，出钱维持爱国女学，应该说还是很难得的。

由此可见，即使对于冒险家，也应"具体情况具体分析"，不可一概而论，更不要说对黄宗仰这样的人了。

由于这一次患难之交，太炎一直和黄宗仰及哈同夫妇，保持着友善的联系，辛亥革命后，曾几次被招待住在哈同花园里，还在里面和夫人举行了结婚礼。

其他爱国学社师生，如章士钊等，以后也曾出入爱俪园。所以，在后来的南北和议及南北议和中，爱俪园都曾成为主要的舞台。所有这些，以后再详细分解。

筑 园

在《苏报》案发生和轰动中外的时候，那时的哈同花园正在积极兴筑，接近完工了。

租界扩大以前，哈同就在静安寺以东迤南收进了二百多亩土地，其中有一大块是原德军的军营，大概是德军在来往青岛（当时被德占领）、欧洲间在沪临时驻扎时，强占这块荒地作为安扎和操练之用的。哈同勾结当地官兵、地痞，把它占下来，并在四周半抢半买，收了这一大片土地。

等到这一带也被划入租界范围后，哈同更想照抄他得意的老"文章"，或高价出租地皮，或在这上面造些店面、住宅,以获取暴利。但罗迦陵却另有打算,想在这里造一幢别墅和花园,享享清福。自从结识了乌目山僧后,她这主意就更坚决了。哈同在家庭是采用"内阁制"的,夫人一再坚持己见,他也只好改变自己的想法,划其中的五十多亩,请乌目山僧全权规划。画图样,引水凿池,堆垒假山,建造楼台亭阁。居中是一座富丽堂皇而有当时"现代化"气魄的别墅(迎旭楼),还建立了不少附属房舍。园角则建了一座"麻雀虽小、五脏俱全"的佛寺,招了七八个大小僧徒,由乌目山僧亲任住持。

1904年初,园林房舍已内外一新,哈同夫妇就搬了进去。他们原在自来水桥北堍的公馆(即今河滨大楼旧址),也有三四亩面积,除正楼外,也有附属建筑,也布置了一个小花园;而且地段好,滨苏州河,离英领事馆和哈同洋行都不远。哈同是迫于"内阁"的命令,才忍痛搬离的。自然,他不会白白搁置,高价出让,也得了一笔十分可观的收入。

这座哈同花园,由乌目山僧取了一个相当肉麻的名字——爱俪园,自然是爱敬这位爱蕤夫人的取义。

过了不到三年,这位夫人又嫌园子不够气魄,还要再扩大。那时,哈同的财力更大,权势更甚,他和捕房勾结,把附近的土地一下又圈了一百多亩,在周围打了篱笆墙,强迫以每亩六百元的代价,要原地主卖给他。其中已有建造房屋居住的,强令拆迁。他还勾结当时工部局的律师高易(英人),威胁居民,说违抗工部局命令,要抓起来吃官司;一面把这些零散房子的出路、水源全截断。在这高压下,所有产主和居民只得含泪忍愤撤离了。只有名医张骧云(即张聋聱)坚决不屈服。他有一块祖坟在里面的东南角上,哈同用尽威胁利诱的手段,他绝不迁让,而且和哈同打官司打了几年。最后,租界法院迫于愤激的舆情,判了张聋聱胜诉。这块坟地,始终成为哈同花园拔不掉的眼中钉。

张的儿子汝炳,后在《龙华张氏宗谱》里写了一段经过:

> 吾十七世祖武在公及十八世祖瞻源公葬在邑城西涌泉浜之阳,世世祭扫。迨沧海桑田,极端变幻,墓四周尽为犹太人哈同之地,且图强权将墓地圈入园林,填浜断路,致祭扫无门。迭经坤弟奉父命交涉,盖坤弟毕业于圣约翰大学,娴夷文也。历费唇舌,始得小路通行。后该商反汗,反筑墙隔断,一再责问,彼游移其词,且挽故旧甘辞厚币,或危言耸听,……先严素性耿介,毫不为动,挽律师诉之英领事馆,终以不屈不挠之精神,胜彼碧眼红髯之奴隶。……

张聋聱铁铮铮战胜哈同的事迹,不仅表现了这位世代名医的风骨,也大大鼓舞了当时上海市民的爱国热情。

再说这一对夫妇迁居爱俪园后,哈同还是保持刻苦成家的老习惯。他本人的居室很简单；几片面包，一杯牛奶，就是一顿早餐了；午餐、晚餐如在家吃，也不过一菜一汤，塞饱肚子。夫人的卧室、起居间以及大小会客厅等等，则穷极奢侈，各种珍奇玩饰，如能买到觅到的，无不罗致。冬天有暖气，夏天则到处有电扇。可惜那时还没有发明空调设备，她还没法四处挂上寒暑表，测定恒温。

园林建筑设计是一门专门艺术，有了钱，不一定能造出一个好的花园。大家知道，胡文虎是三四十年代一位拥有百万资产的侨胞；他当时造了一个花园，取名"虎豹别墅"（他的弟弟叫文豹），花了几十万港币（当时币值还很高）。我去观光过，实在鄙俗而一览无余。据某专家说，园林要讲究静感和动感。小型的重在静感，要设计精雅、曲折，一亭一楼，一轩一窗，一树一木一假山，一溪一壑，都要耐人细细品味，耐人静赏。我看，苏州的网师园，就是这类园林中的佼佼者，从任何一个庭院、亭阁，从任何一扇窗里望出去，都是一幅各有韵致的中国画。在一块石头上坐上十几分钟，也观赏不尽，不觉烦厌。

像留园、拙政园那种面积较大的花园，则重在动感。布局气魄大，亭阁山水浑然一体，使游览者时时有耳目一新、别有洞天、柳暗花明之感。自然，在局部上，也要精心设计，淡雅耐赏，切忌粗俗或到处大同小异。

大观园究竟怎样，我们只在《红楼梦》书本中想象其大概。但不论说是在南京也好,说是前清恭王府的旧址也好,要在京畿之地,辟出五十多亩大的土地,建一私家花园,怕是不容易的。

爱俪园在初建时,是黄宗仰一手精心设计督造的。据记载,有曲折幽雅的小湖,有亭子和九曲桥,还有抱翠亭、冬桂轩、梅园、红叶村、涌云楼、烟水湾、万花坞、天演界等,真是五步一楼,十步一阁。还引进了许多奇花异草,种了不少稀有的树木,布局也相当精致,各处都有特色。可见,这个风流和尚,胸中是颇有些丘壑的。

到1907年扩建为二百多亩时,要在这样的大面积上,布置一个浑然一体的大花园,黄也感到无从措手。而且那时,后来成为他的对手的姬觉弥,已经钻进哈同王国,逐渐受到哈同夫妇的重用;他又喜欢冒充内行,冒充风雅,处处要献计献策。加上初期建的,1910年扩建成的哈同花园,据说,共有楼八十座,台十二个,阁八个,亭子四十八个,池沼八个,小榭四个,有十大院落,九条马道,其他曲径小道,小桥小屋,不可胜计。有些帮闲文人说爱俪园有十景,有的说是八景,而实际上,最大的优点,恐怕是一个"大"字了。

现在,该介绍一个新角登场了。

此人叫姬觉弥,后来成为哈同的主要帮手,爱俪园里的大总管,地位仅次于哈同夫妇。他在哈同"王国"里叱咤风云达几十年之久,直到哈同夫妇先后去世,他还在租界里八面威风了好多年,直到死去。他生前的声望,虽不及杜月笙,也庶几近之。

像旧戏一样,这样重要的角色出场,照例要先打一通锣鼓,让他起霸、亮相,然后念登场引子,唱个曲牌,再自我介绍。

我先给他勾个简单的脸谱,至于他的行状,以后在各节里,由事实来表演吧。

他本姓潘,是苏北睢宁县高作镇人。他的父亲叫潘杰三,在镇上开了一爿药材店,度日而已。他原叫潘林,在私塾读过几年书,文章勉强能成篇,够不上去应试入学。但有些歪才,惯于搬弄是非,包揽讼词;还喜欢偷鸡摸狗,在赌场、烟馆里讨生活。后来,不知因什么事,得罪了一位乡绅,在本乡存身不得。正好在这时候,山东各县兴起了义和拳,新上任的巡抚袁世凯,想立功邀赏,在各县招募乡勇,以便镇压。

潘林逃到山东,投入了乡勇,学习了一些武艺,混一口饭吃。

后来,义和拳集中到直隶(今河北省)京畿一带,接着是攻击京津的帝国主义势力,八国联军侵略我国,最后清廷屈服,签订了《辛丑条约》。袁世凯调升直隶总督。山东的乡勇解散了,潘林流浪到了北京,曾想学当太监,又没有"净身"的决心,却学到了一口相当纯粹的京片子(北京土话)。为了求食,他又跑关东,多方钻营,在黑龙江巡抚衙门当一名差官。没有几个月,他又失业了。万般无奈,又南下到了上海的"夷场",曾当过道士,又削发当了和尚,改名姓为姬觉弥,号称佛陀。那是19世纪末的事。

大概由于宗教上的联系吧,他结识了外籍名教士李提摩太。李见他能说会道,善观风色,很加青睐。

1901年哈同洋行开张时,缺少一个会说北方话的职员,李提摩太就把姬介绍给了哈同。哈同只给他八元一月,跑跑街。

不久,罗迦陵想到北京去游览,恐怕自己的一口上海话诸多不便,就叫哈同把姬调进爱俪园,教她"官话"。也是"缘法"吧,罗一见就大加赏识,先派为普通的管事,代她管理住所的差役奴仆。

按前面所引贾雨村老先生的哲学来说,姬觉弥大概也是天地间什么气所钟的人物。如果他当年真当了太监,可能也会像刘瑾、魏忠贤、李莲英那样显赫一时,权倾公卿。

如今在哈同花园里,他也发挥各方面的所长,博得了女主人的欢宠。两雄不并立,仅凭佛法和风雅见赏的乌目山僧,不免有"既生瑜,何生亮"之叹。

而哈同,直到姬升为大总管,还直呼他为潘林。

斗 法

爱俪园在规划之初,据说刻意想模仿大观园。大观园有个栊翠庵，特别请了一位风雅的尼姑妙玉来主持。外面还有一个水月庵。其实，贾母、王夫人之流，并不怎么信佛的，用以点缀而已。爱俪园里也造了一座寺院，取名频伽精舍，占地二三亩，布置了佛堂、下院，也有花木和小桥流水。由罗迦陵亲自主持，暮鼓晨钟，诵经拜佛，超度她亡故的父母，也为自己做功德。每逢初一、十五，更要披上袈裟，虔诚地来进香；还养了几个尼姑，经常住在里面诵经。有些破落的书香人家妇女，也投奔在这里，和罗迦陵一起，说是带发修行，祈求来世之福。

大观园里没有听说有和尚庙，只因为贾敬要炼丹修仙，在郊外建有一座道院。爱俪园里，却在南边建造了一个家寺，由这位乌目山僧主持，还由他向各地招募近十几位高僧在此挂锡。听说还招了几个徒弟，教他们诵经拜佛。

黄宗仰还在日本留学的时候，就看到日本刊刻的《大藏经》比较精致。他被哈同夫人罗致，成为入幕之宾以后，竭力怂恿夫人做一件大功德，把《大藏经》用大字精刻，广为传布法音。据说，他还到各地有名古刹去搜寻，把这部《大藏经》补全。

1908年开始镌刻，到1913年才刻好印成。《罗迦陵夫人年谱》有这样一段："民国二年，五十岁。《大藏全经》刊成。夫人酷嗜内典，以日本弘教院小字《大藏经》多费目力，乃发愿放大翻雕，自前清宣统元年开始，至民国二年为止,凡五年而工竣。夫人躬与校雠之事,并搜罗所得之遗佚,共三千余卷,拟刊续藏。"

据1915年《时报》所刊《〈大藏经〉流通处广告》:"提倡佛学,不惜巨资,重刊《大藏经》,全部凡八千四百十六卷,计分四百十四册,共装四十箧。是书校对之精详,字画之清楚,纸张之洁白,篇幅之简明,既便观览,且利舟车,固有目共赏。所以枣梨初付,即风行全球。是书共印成千部,仅两周售已过半。现在存书无多,本局为便利购书者起见,特于望平街同文书局、千顷堂书局,棋盘街文明书局、扫叶山房、江左书林等处,设立《大藏经》分发所,凡有志研究经教,欲循禅宗,以观乘典者,祈勿交臂失之。"

这位乌目山僧黄宗仰,还鼓励他的女居士创立一学校,专门研究佛学。经过一番筹备,在爱俪园的东南隅,辟地十数亩,建造了若干房舍,于1914年挂出招牌,名为"中华佛教华严大学",还延请了杭州海潮寺的住持应乾及各地高僧、居士前来讲法。第一期招收了生徒百多名,一应费用全由园主供应。

正当爱俪园里钟鼓相应、香烛熠熠的时候,姬觉弥这个酒肉和尚,经过一段时候的斗法,更加得到女施主的赏识,被封为园内的大总管,仿佛大观园里的赖大,所有大小事务,都由他掌管,庵、祠、大学也不例外。

乌目山僧已被贬低到贾政的清客单聘仁一类的地位了。

大观园的女性群中，表面上十分融洽，尊卑有序，吟诗作对，姊妹们都亲密相处，一片天真，然而暗里却有激烈的斗争，王夫人、王熙凤、薛宝钗、袭人等一伙，千方百计蒙蔽贾母，争夺宝玉，企图永远控制贾府的领导权，维持封建的秩序。林黛玉、贾宝玉、晴雯乃至小红、五儿、芳官，则竭力想打破这个秩序，在人性、婚姻上争取自由。

爱俪园里的斗争更复杂，除压迫者和被压迫者之间的斗争外，统治者之间的斗争，特别在初期，也非常激烈，主要是黄宗仰和姬觉弥之间，目的是争取哈同夫人的宠信，从而控制偌大花园里的实权。

黄宗仰比较清秀雅致，有些才学，在佛学上更投罗迦陵之好。姬觉弥则粗鄙下流，不学无术，照理他不是乌目山僧的对手。但天下事往往是未可逆料的，例如李斯这样的大法家、大功臣，不就败于指鹿为马的赵高吗？这样的例子，历史上真是举不胜举。

却说爱俪园建成以后，罗迦陵每年总要去江南各胜地游山玩水。一则想取法那些名胜，改进爱俪园的结构，再则想看看哪里有好的太湖石，好的树木花草，设法购买移植过来。碰到哈同事忙，不能出门，就由刚当上总管的姬觉弥伴游。

有一年，他们游杭州，在吴山脚下，看到关帝庙旁边有一个小而破败的庙，四墙剥落不堪，门额也已破旧难认，姬觉弥眯起眼抬头细看，才认出是"仓圣庙"三字。他灵机一动,觉得这里面大有文章可做,回头对女主人说:"夫人,这座庙很重要,不可不进去参拜参拜。"

"那样的破庙,有什么可看的?仓圣是什么人,我也从未听到过。"

"夫人,仓颉真是一个大圣人,比孔夫子还大几千岁,中国所有的字,都是他老先生创造出来的。要没有字,哪里来的四书五经、圣经贤传,也就不会有佛经。他是比孔子、关圣还该尊崇的大圣人。可惜世风不古,仓圣庙这样破败,竟没有人来修修。"

罗迦陵听了引起好奇,说:"那我们进去看看。"

庙中有两进。一进门,是两间近于山门的破屋,地上高低不平,东墙上挂着"敬惜字纸"的一个大方匣子;西边,放着一张破桌,有一个衣衫褴褛的老人坐着,是一个拆字看相的摊子。

院子不大,两旁有几株柏树,中间有一个焚化字纸的铁炉。

大殿也不过三楹,正中供着一尊怪像,头上有着三个尖结,大脑长鼻,一嘴胡须,这当然就是仓颉圣人了。

两旁供着六个牌位,分别写明是周太史籀、秦太史令胡母敬、司隶校尉程邈、汉祭酒许慎、汉中郎将蔡邕、魏太傅钟繇。

罗迦陵看得莫名其妙,小声对姬觉弥说:"这位圣人,长相怎么这样特别?"

姬觉弥一脸博学多才模样说:"他的脑子长得特别发达,所以会想出这么多的字。要没有他老先生,哪里来这么多书。"

"那么,边上供的是谁呀?"

"都是历代的大学问家、大书法家。"

他们正在议论时,侧屋里出来一个道士,一脸菜色,三角眼,鼻子尖尖的,疏疏有几根须髯。他一见势头,连忙作了个长揖。说:"夫人及善士光降,小道迎候来迟,请加恕罪。"

夫人瞅他一身破袍,随风吹来一股味道,就拿着手帕掩着鼻子问:"为什么庙破败得这样,不修一修?"

"地方上的绅商也有此意,只是款子一时凑不齐。"

"大约需要多少钱?"

"全部油漆粉刷一下,大约有两千元就足够了。"

姬觉弥插嘴说:"最好再多搭几间,招些学生来,办起一个学校,让他们好好认识认识字。"

罗迦陵沉吟一阵,一字一句地说:"这样吧,我捐出两千块钱,把庙宇全部粉刷,修好;再办个小学校。"

道士又鞠了一躬,激动地说:"夫人功德无量,一定照办。"

俗话说,"有钱可使鬼推磨"。果然不久,两千元就由上海拨来了。道士立即招来几个泥水匠和雕塑工等,前前后后,上上下下,把庙宇粉刷油漆一新,把庭院整理了,补种上些花木。仓颉的像,自然涂上一层油彩,还描了金,真是头角峥嵘,威武起来了。在庙后的空地上,盖了几间平房,请来了一位曾在私塾教过书的秀才先生,担任校长兼教师。把那个看相拆字先生,请来当事务员,包办一切门房、摇铃等等的杂务。道士还花了两块钱,请城内一位书法家写了一块校牌——私立仓圣学校,白底红字,十分显目。

他还特地到上海报了账,领取了修建中超支的三百余元。姬觉弥请示了罗迦陵,还答应每月发给学校经费一百元。

姬觉弥回到上海后,叫一个相熟的画师,画了一幅《仓圣肖像》——画师为此还特地跑了一趟杭州。画好后配了一个考究的大镜框,最后又挂在华严大学礼堂佛像的上面。

学生们吃罢早餐,向例要到礼堂去做功课,看到这个怪像,十分奇怪。乌目山僧登上法坛,也抬头看到了,心里明白这又是姬觉弥搞的鬼花样,忙去曼陀罗室参见女施主,姬觉弥正侍在侧。

和尚对姬瞟了一眼,压平了气说:"礼堂里不知谁挂了一幅像,也不知是哪尊罗汉的法像,特向夫人请示。"

姬觉弥忙插嘴说:"这是仓颉仓圣老祖师的像,夫人十分尊敬,是我特地请人恭绘的。"

"这和我们佛法有什么关系?我们大学是学习佛经的。"

"没有文字,哪来佛经?他是儒释道各教的祖师。"姬理直气壮地说。

罗迦陵看他们吵得越来越激烈,乌目山僧已被气得面孔苍白，就安慰他说："大师，你以后多给学生讲讲法，学校里这些小事，少操心，让佛陀去经管吧！"

仓 圣

"没有偶像，为了打鬼，可以造出一个偶像来。"这真是一条颠扑不破的真理。盗跖本是一个传说中的坏人，一旦需要，可以给他加上一个姓，封他为古时最坚定的左派，是与孔丘斗争过的先辈法家；还有学者文人，对他的"光辉"业绩做上一番考证。

姬觉弥是早就参透这个道理了。那个时候，尊孔复古的空气，又在康有为等的倡导下，日益浓厚起来。抬出造字的老祖宗，不仅更有号召力，而且，黄宗仰手中的佛教王牌，也可以压下来，真是一石数鸟的好主意。他越想越得意，决定在这上面大干一番。

可怜乌目山僧不明白这个道理，还写了一个长的说帖递交罗迦陵，说仓颉只是一个传说中虚拟的人物，像燧人氏、神农氏一样，并非实有其人，字是古代人在结绳记事中慢慢创造出来的。而且，佛教是从外国传播来的，是唐僧从天竺取来的经，和仓颉更风马牛不相及。华严大学是为了振兴佛教创立的，更不该挂什么仓颉的像。

这封说帖递上后，如石沉大海。过了约十天，罗迦陵约见他，像非常关切地说："上人身体不好，不要去管那些俗事了。华严大学,索性让他们去管吧。上人专心一志在频伽精舍修真养性,有空可以来陪我参参禅。这样,可免除烦恼,一心超度众生。"

黄宗仰诺诺退出,合十称谢。他心里明白,在这次斗法中,自己肯定是失败者了。在女施主的天平上,他的重量已微不足道。他意识到:"梁园虽好,不是久住之地。"

从此,姬觉弥全面控制了这个学校,并于1914年改名为仓圣明智大学,名义上仍由罗迦陵担任校长,姬则以监督操握大权。

在此以前,华严大学有学生一百二十人,其中有十到二十人是和尚。每天六时半鸣钟起床,七时吃稀饭,八时上课;上午四节,是国文、佛经、历史、地理。下午也是四节,即国文、佛经、算术、小学。有时,晚上还有高僧来讲法,八时击鼓睡眠。在一百二十个学生中,后来因吃不惯素餐,有十几人退了学。

改称仓圣明智大学后,姬觉弥特地请了些老师宿儒来任教职。他还请罗迦陵拨了二三十万元,把校舍改建扩充,增设了中学、小学部。另外,在园的另一角,建房开设了女学。

当时,姬所主办的《广仓学会杂志》,对这个大学,有如此记载:"越絮舞桥,即见仓圣明智大学石坊,坊前亘一小桥。缘径入校,广场十数亩,操场中天桥、浪木悉备,门榜八字,曰:侯冈圣化,爱俪名园。讲堂寝舍鳞次栉比。图书室、彝器室、武器室、礼乐器室,布置井井。设附属中学四级,高等小学三级,大学预科尚在筹备也。校章规定,概免膳宿医药等费,皆取给于园主人。祀崇仓圣,春秋修祀。"

"大学面东设礼堂,德清俞阶青太史颜其额。堂址宽敞,中肃立古圣仓颉先师牌位,左配为周太史籀、秦太史令胡母敬、司隶校尉程邈,右配为汉祭酒许慎、汉中郎将蔡邕、魏太傅钟繇。上列乐器橱四,下置钟鼓、柷敔之属,及羽籥、干戚各舞器。每岁三月十八日、九月十八日循例祭祀,歌舞交作,郁郁乎,观者咸有周礼在鲁之感。"

看看那一期的《广仓学会杂志》,还选登了好几篇仓圣明智大学附中学生的作文,题目就很有趣。如"清太祖七恨告天论""刘聪陷晋二都论""韩柳文派异同论""明季三大案平议",显然,都还像是科举场中策论的试题。看来,那所附中对语文、历史还是相当注重的。还有些题目,如果让我答卷,也不一定能及格。如"唐高祖(李渊)臣突厥,后晋高祖(石敬瑭)臣契丹,事迹相同,何以成败相反论"。真的,屈服与叛卖,究竟有什么区别?不是一个生了个好儿子,一个却因为后继者也是混蛋么?又如"鸿门一案,项庄舞剑,若当时沛公不免,大局将复如何?试平情论之"。"荆州之役,若关羽不为吕蒙所败,当时长江大势,将复如何?试详论之"。这样的题目,要中学生解答,也真不易。如果那时刘邦被杀,自然不会有汉朝的天下,当然也不会出现韩信、彭越这些英雄。"萧何月下追韩信"这类的故事,就根本没有了。至于项羽这个人,他一"坑"就是几十万人,这样的人,尽管他有四个眼珠(司马迁那么说),未必真会识拔人才,共治天下吧。至于关羽,连孙权要和他攀亲,他还说"虎女焉配犬子",太没有自知和知人之明了。这样的骄将,即使幸免,能够改变当时三国鼎立的局势吗?

前文谈到仓圣明智大学的春秋二祭,直到20年代,各地都还隆重举行。当然,被祭的不是仓圣,而是"至圣先师"孔子,附祭的也不是程邈、许慎那几位,而是孟子等四贤和七十二位高足。我们家乡叫丁祭,是三月、九月第一个丁日举行的。姬觉弥选了三月十八日和九月十八日,据传,他还有个"不可告人的罪恶目的",他自己的生日是三月十八日,这样,致祭仓圣,也就纪念他这位后圣了。

能够参与丁祭的,总要有点功名,在我儿时,听说至少要秀才或贡生才有资格。至于主祭,照例至少该由进士翰林担任。我们这个小县,最末一个进士就是徐凌霄先生的伯父徐致靖先生。他早期因保荐康、梁,被关在天牢,获释不久就逝世了。我们老家这个破宅子里,只有一个疏房的哥哥,比我大约三十岁,侥幸入过学,一辈子在农村当"獬狮王"——私塾老师,每逢丁祭,是他最受人尊敬的日子。的确,此事也关系到小民的生活问题。孩子到一岁多,女孩自然不论,男孩则一定要等到丁祭那一天,吃一点胙肉,才正式开荤——可以吃荤菜了，取意是很明显的，这样，小孩长大，可以读得进书，可以中举发迹。我迄今还分明记得，我那位堂兄，每逢丁祭回家，双手捧一块不到半斤重的猪肉——所谓胙肉，一脸的得意之色。

小孩当然不准去孔庙偷看这样的隆重仪式的。我后来看《儒林外史》里虞博士和马二先生等于泰伯祠祭祀的一幕，仿佛得到一点概念。旧报上记载爱俪园春秋二祭的情况，大概也具体而微。

当时，报上还刊载一则姬觉弥的启事，颇有文献价值："本校珍重国学，崇祀仓圣，曾请画家敬摹形象，考诸遗书，参以理想，迄未惬心。海内收藏家倘有宋元名手所绘仓圣遗像，或旧版仓圣外记及有关仓圣圣迹之书，肯割爱赐让者，请即邮示，以便诣前面议。否则，借摹借录，仍当璧还，亦予以相当之报酬。决不敢欺改，至关信用。哈同花园仓圣明智大学姬觉弥谨白。"

仓圣那时，连纸笔竹帛也没有，更不要说摄影，他的真容究竟如何，恐怕连汉唐名家也只会凭想象加以创造的吧。

姬觉弥自从发现了仓颉，在他身上做了许多文章：把华严大学改组、扩充为仓圣明智大学，借以排挤黄宗仰；又办仓圣女学，立广仓学会，刊《广仓学会杂志》，开万年耆老会等等。这些义行善举，大部分发生在辛亥革命后的民国初年。为了行文方便，我想一口气把它一一介绍完毕。辛亥革命前后,爱俪园和黄宗仰还有不少政治活动,则留待"下回分解"。好在我不是给哈同伉俪和他们的两位大管家做年谱。像电影剧本一样,把故事的镜头集中些,有时再用倒叙法,表演效果也许会好些。这是要向读者交代的几句闲话。

谈起爱俪园里的春秋二祭,还该再补充几个镜头。

按照历代相传的礼节,祭先贤用少牢,一猪一羊,整个烧好煮熟,放在特制的方盆里上供。祭至圣先师文宣王孔子,那还要隆重些,添一头全牛,名为太牢。仓颉是比孔子还伟大的先知先觉,自然也该用太牢。但这位女主人爱蕤夫人,却是菩萨心肠,如何能这样杀生呢?姬觉弥想出了一个两全其美的好主意,他大概也是熟读《三国演义》的,仿照诸葛亮用馒头代人头祭吊泸水冤鬼的办法,请几位厨师兼雕塑专家,用麦粉巧制出牛、羊、猪一套素的"太牢",惟妙惟肖,可以乱真。至于肚子里塞了什么,祭后是否也分胙肉,未经查考,就不得其详了。

爱俪园最初举行这样的大典时,还特地到南京礼聘来一位郑老先生,大概至少总是一位翰林公吧。由他指导,雇来能工巧匠,制出了各种古乐器,各类钟、磬、大鼓、鼗鼓、干戚、羽旄、箫、管、琴、瑟、柷、敔、缶,以及爵、笾豆、俎豆等等。还挑选了六十四个儿童,制备了特式的服装,训练他们八佾之舞。

祭祀以后,还请来了几十位遗老,举行投壶仪式。这玩意,是古代的娱乐,还是训练目力、腕力的体操,或者仅是一种仪式,就不得而知了。大概是中间放着一把特制的壶,儒生们远远地把箭投去,投进了壶就算得胜,饮一樽酒。如果投中壶旁的把孔或壶的中心把,那就更了不起。这玩意,不仅古色古香,大概比现在的投套环或投掷某一电动的东西,要复杂一些,难度也大。

记得1925年,军阀孙传芳以秋操为名,从浙江起兵,赶走了盘踞上海、江苏、安徽的奉系军队,开府南京,自称五省联军总司令——人称"联帅"。他志得意满,曾异想天开,大概为了提倡复古,阻遏方兴未艾的"赤化"狂澜吧,举行了一次投壶盛典,特请章太炎先生参加。所以,后来鲁迅写的《关于太炎先生二三事》中,有这么一段:"(先生)既离民众,渐入颓唐,后来的参与投壶,接收馈赠,遂每为论者所不满,但这也不过白圭之玷,并非晚节不终。"

可见姬觉弥的脑筋,动得比孙传芳早得多了。在民国初年,"去古未远",要搜罗懂得这种玩意的遗老遗少,还比较容易。困难的是这样的壶。姬觉弥派人在上海各古董店到处搜寻,找不到;派人去北京、南京等地搜访,也未得结果。最后,在杭州一个世家的废物房里,找到了一个,重金买了运到上海,发现它缺了一个嘴。又请了一些专家来研究,好不容易才配上了。

真想不到,缺了一个"口",竟会如此影响全局!

第三章

女 学

我曾在旧的画册上看到过罗迦陵五十大寿时的玉照,实在看不出什么天生慧质,不仅比不上慈禧晚年的风姿,连坐在被告席上的那位叫作江青的"老娘",也要胜过她一筹。虽然也穿着一件拖到脚背的西式衣裙,袒着两臂,也是一头乌黑的头发,但肥胖得至少有两百斤重,方方的脸,两眉有些倒挂。从外表上,真不容易看出她有什么天地之气所"钟"。

就在那几年,是她活力最强,对"文化、教育、慈善"事业最为热心的时期。爱俪园文人给她编的年谱开列着:"宣统元年,四十六岁,筹办爱国女学堂。民国二年,五十岁,《大藏全经》全部刊成。民国三年,五十一岁,始办华严大学。民国四年,五十二岁,改华严大学为仓圣明智大学,先办师范预科、暨中学、高等初等小学,免费。民国四年,仓圣明智女学成立,以姬觉弥为校长,先办师范预科。

民国五年，五十三岁，成立广仓学窘。……"几乎年年有新创举，年年出新成果，多么八面威风，"呕心沥血"。

也看到姬觉弥的"标准像"，那时他三十多岁，雄赳赳的，和乌目山僧的文弱、秀气恰成对比；穿着西服，横领结，从外形、脸盘、眉目看来，和那位得"老娘"青睐的演戏的"大人物"十分神似。对比之下，那时哈同已年逾花甲，矮矮胖胖，虽然还那么双目炯炯，但已头顶全秃，掩不住老态了。

女学设在园的西南角，只修了一排房子，下面是六间课堂，上层则为宿舍，另有一间礼堂，兼作食堂之用，操场不过半亩大小。

第一期登报招收中学师范科五十名，小学生八十名，说明铺盖自备，其余膳宿、课本费全部免收。实际入学的共一百十几人。

在开学前，姬觉弥向女主人建议说："别的学堂，七天为一礼拜，放假一天。我们是敬崇仓圣的，不要照外国规矩，可以改为十天放一天。男校也应这样改，可以把放假的日子错开，这样，就更便于管理，以免授受不亲。"夫人同意了。

虽然不再以佛教为号召，但仓圣那时，大概还没有牛羊六畜，只吃草根树叶吧，所以，还是规定学生平时一律吃素，只有仓圣和园主夫妇寿诞之期，才"茹毛饮血"，吃一顿荤。

功课有国文、修身、算学、体操，中学还加上英文、理化、地理。修身课教的是《女儿经》和《礼记·内则》篇。

开学那天，姬觉弥校长还做了训话，说"我们这个学堂，夫人希望特别要办得好，功课要比别的学堂好，也要特别讲礼貌。要先立个规矩，不论在什么地方，见到师长，一定要立在旁边，双手下垂，低头挺胸，高声说某师长好。上课要坐稳，同学间平时也严禁高声喧哗，更严禁叫骂，否则一经查明，立即开革"云云。

那时，上海得风气之先，已成立了许多女学，租界里也有三马路口规模宏大的中西女学，西区有完全欧化的圣玛丽女中，还有爱国女学等等。

在一次仓圣明智女学的纪念会上，一所女校的校长在来宾演说中直率指出，该校操场太小，学生也不够活泼，课程不够完备。姬觉弥听了，很不以为然，却只脸上红辣了一阵。

姬觉弥只上过几年私塾，充其量，算是"粗通文墨"吧。凭着他的特殊天才，从进了爱俪园，特别是发现了仓颉这个大圣人——造字的老祖师以后，忽然变成大学问家、大书家、大教育家乃至大文学家了。他有哈同的黄金给他铺好上升的道路，有力量收罗一批给他吹嘘、抬轿的人才。他还有一个诀窍，是走前人所没有走过的捷径。他先翻阅字典，从《康熙字典》发现了许多奇奇怪怪不常见的字，认为这些都是仓颉老祖师造好而一般读书人还不懂、不能用的字，就一心想在这方面"突破",但自己实在也不了然。怎么办呢?到处打听,知道杭州有一位邵老先生深通此道。他亲去拜访,并重金聘请到了爱俪园。邵老先生先给他说许慎的《说文解字》,他虽不甚解,但知道了原来文字有什么大篆、小篆,是现用文字的祖先。他想,怪不得许慎老先生要配享仓颉,原来他是仓圣的入室弟子。邵老先生一个字一个字给他解释,他特别对那些怪字发生兴趣,一个个把篆文摘录下来,加以默记。真也难为他,为此花了不少工夫。

他还和邵老先生商量:"别人组织孔学会、孔教会,为什么我们不可以更复古一步,把仓颉老祖师的学问好好研究,也组织一个会呢?"邵老很赞赏地说:"是啊,孔子不过是诸子百家的一家,仓颉造字,才是中国文化的根源,我们组织一个会来对他的学说提倡学习,比孔学会就更有意义了。"两人商议的结果,决定学会的名称为"广仓学羣",并邀请一些知名的文人和宿儒来参加或共同发起。"羣"这个字,音"群",是否仓颉亲自发现,无从查考。原来大概是群居的意思,近乎"家"字和"会"字。但看来,也大可阶级分析。"家"是一个房子里喂养了猪,显然是耕牧的劳动人民家庭。"羣"则是聚集了一批君子,不问可知,是封建知识分子成堆的地方。我不想多写这个字,倒不是怕犯嫌疑,实在怕麻烦报馆刻字、排字的同志,因此,斗胆改称为"广仓学会",好在意义是差不多的。

罗迦陵对姬觉弥是言听计从的,听了这建议,马上拨了一笔巨款,腾出一批庭院,就把这个学会成立了。有一位曾参观过这个学会的人,后来做了如下的回忆:广仓学会在园的中间偏北,是三间带中式的洋房,中间有宽阔的扶梯,通楼上。左边前半间是客厅,悬有"贤者乐此"的匾额。后半间是画室,姬觉弥常邀名画家在此挥笔。右间则隔成许多小间,供人研读和讨论。屋前还有宽阔的长廊。楼上额为"待雨楼",一部分安放书籍,一部分招待那些文人墨客。屋左还有一列平房,楼左有一钟楼,榜曰"欧风东渐"。后有一亭式过道,有匾题"听涛"二字,因为有一条小河浜直通至钟楼下,水声潺潺可闻。听说,这河浜暗通黄浦,潮来时常涨水,时闻浍浍之声。广仓学会的前面是一条马路,称广仓路,乘车可直通园门。东面可直达"迎旭楼"(哈同夫妇住所之一)。路的西北面,从"欧风东渐"起,是一大片草地和花木林。

从这段回忆,我们可以想象出哈同花园部分的大概面貌和布局。

严格地说,广仓学窘和广仓学会是有区别的,前者是一个常设的机构,有固定的人——大约十余人,在里面办事和研究,也出版了一些书籍和杂志;后者则是一个只有空壳的团体,以崇敬仓颉为号召,邀请百多位当年的耆老和下野官僚,到花园里玩几次,作为会员,如此而已。我为了省事,把它们并为一谈了。

这个学窟，很出了一些书，如《大藏经》《学术丛编》《艺术丛编》《戬寿堂殷虚书契考释》等等，不下几十种。

原来，除了上述的邵老先生外，大概由于罗振玉的推荐，姬觉弥把王国维（静安）这样一位国学大师也请进了园内，住在戬寿堂，很下功夫写著了几部有价值的书，上述的《戬寿堂殷虚书契考释》，即其中之一。

1898年，中国发生了两件大事：一是在康有为、梁启超的策划下，光绪下诏"维新"，不过一百天，便被慈禧幽禁，杀了谭嗣同等六人，即历史上有名的戊戌政变；二是在河南发掘了殷墟，出土了几万件殷商时代的龟甲和兽骨片，上面都有文字，从此，发现了甲骨文——比大篆更古的文字，这是一个对我国文化了不起的贡献。

《老残游记》的作者刘铁云，也是首批研究甲骨文的学者之一，著有《铁云藏龟》。还有一个研究甲骨兼做古董生意出名的叫罗振玉（此人后来当了汉奸，参加建立伪满洲国），据说，他共收藏了甲骨二万多片，其中一部分是刘铁云的遗物。也写了几部有关甲骨文的书。

比大篆、小篆还古的文字，自然更接近仓颉所造的字了，姬觉弥竭力怂恿罗迦陵收买甲骨，加以研究，用以发扬仓圣之"绝学"。

当然，代价是不小的，罗迦陵点头后，姬觉弥派人和罗振玉商量，从他手里买到了八百多片，珍藏于戬寿堂。那时，静安先生是个穷书生，从海宁原籍到上海，投靠罗振玉，罗就介绍他进了哈同花园。这批甲骨片，是罗挑出的次货、"处理品"，或者文字不多，或者已多裂断。但经王先生细细研究，发现其中还有不少珍品，因此，他写了这本"考释"。

王静安是1927年在颐和园投昆明湖自杀的。他死的前一年，我还在清华大学看到过他好几次，听过他一次讲学。穿一件绛色袍子，青色背心，瘦瘦的小个子，瓜皮帽下还垂着一条小辫子。他的学识渊博，从词曲到蒙古史，无不涉猎，而且研究颇多超迈前人。鲁迅也一再称许过。

对姬觉弥来说，把王先生请进爱俪园，只是一个摆设，王也孤介不同流俗。据说，姬要找他"研究"古文字，他只是笑笑。有时，姬把搜集到的古董请他鉴定，他十回有九回说："靠不住的。"有些帮闲举出了许多"证据"，说不是赝货，他还是笑笑说："靠不住的。"

爱俪园还举行过"万年耆老会"，参加的耆老宿儒有二百五十余人，合起来超过一万岁。当时，《广仓学会杂志》有一段记载："三月十八日，为古圣仓颉诞辰，英国哈同先生暨其德配迦陵夫人，倩姬君觉弥为代表，开仓圣万年耆老会于哈氏花园，凡缙绅士族年六十以上者皆预焉。设碗茗，备安车，纵观园林之胜，然后奏古乐，行古礼，雍容肃穆，如睹三代之风仪焉。日中设盛筵，演新剧，列席者二百五十余人,皤皤黄发,言笑一堂。濒散,又各馈以笺扇,诚千古未有之盛会也。"

祝 寿

关于罗迦陵兴办的文化、教育"事业",前文已简单地一一敷述了。还该补写一段,谈谈她五十大寿的情况,这也是当时曾轰动上海乃至江南的盛举。

1913年即民国二年,岁次癸丑。那年,正是袁世凯调兵遣将,大举进军长江流域,镇压南方革命党势力的那一年,南京、镇江曾发生激战;又逢白朗起义,风声鹤唳,江南各地的有钱人,纷纷避居上海,租界是进一步繁庶了。地皮价飞涨,自然,烟土也销路日广,哈同洋行的金库,越发膨胀了。

那年阴历七月初十,是爱蕤夫人五十华诞。先是,用"爱俪园同人"的名义,初一日起,即在各报刊出了征集寿文的广告。寿辰的前几天,先找自来火公司来装了七百盏自来火;又叫电灯公司来装几千盏电灯,大门口和寿堂前,还高扎了两个电灯牌楼,挂上五色的电泡。几个剧场、寿宴大厅,还临时装起汽油灯,真是琼楼仙阁、寿天福地,光耀胜过白昼。贾母因为生得太早,宁荣两府大开寿筵时,大观园怕也不会有这样一派豪华景象。

这里,要插一段说明,上海洋场开始有自来火,指的是煤气灯。那时,大小马路的路灯,都是这种自来火,到上灯时,由专司其事的工役,一盏盏打开、点燃。英国人有时是很保守的。1930年我第一次游香港时,还看到这种方匣式的路灯,早晚有人专司点、熄。尽管那时电灯早已流行,城开不夜了。至于汽油灯,我童年在家乡看元宵戏,戏台上就点燃着一盏,照得满台通明。在大跃进那几年,曾去农村劳动,看到农民挑灯夜战,或昼夜大炼钢铁,"挑"的多半就是这种汽油灯。

言归正传,从初七日(即乞巧日)起,即开始"暖寿",除园内自备的名厨,专备中西寿筵招待特级贵宾外,还由当时的有名闽菜馆"小有天"和京菜馆"会宾楼"等三家菜馆,包办一般寿筵,贺客可按自己的口味,到某个宴厅去入席。听说从初七到二十日止,每天贺客如云,午晚都要开筵一二百席。自然,那么多贺客,哪能个个都见到寿公寿婆,无非按身份由园内各级执事人员招待,能见到黄宗仰或姬觉弥(那时还只是个小管家)一面的,恐怕也很少。

正日那天上午,夫人由乌目山僧伴同,先去频伽精舍,向她亡母的神位致祭。哈同的父母早已亡故,几个兄弟姊妹和哈同不睦,都不来往,而且按照犹太教规矩,也没有别的祖先要祭祀。

钟敲九下,罗迦陵换了一身红缎绣花的袄裙,哈同也穿着长袍马褂,双双进入寿堂,由总管扶着在正中坐下。哈同夫妇没有生过子女，收养了几个中西籍的义子义女，先由他们礼拜祝寿。其次是全园执事，按等级一批批叩头，敬祝"万寿无疆"。以后，由乌目山僧率领家庵里的和尚、尼姑，分别跪拜。最后，才轮到来宾，有哈同洋行的职员，租界工部局、巡捕房的高中级人员，自然，还有所谓绅商学各界人士。那时，华严大学尚未开办，男女学生祝寿，是以后几年的事。

初十前后五天，每天下午和晚上，都有祝寿演出，分两个剧场。一个专演京剧，当时的名演员夏月润兄弟以及王麻子、万盏灯等都聘来演出。一处是专演杂戏，有北方大鼓、苏州评弹、宁波滩簧，还有西洋戏法、东洋戏法和中国的古彩戏法，此外，绍兴大班、双簧等等，应有尽有。为了夫人不忘故土，还去福建特邀了一班傀儡戏。真是百戏杂陈，皆大欢喜。

租界各国领事，也派要员来道贺。中国官场，自护军使卢永祥以次，上海道尹、上海县、海关监督等，都到场祝贺，各界头面人物更不必说了。

哈同花园从建立、扩充到罗迦陵办男、女学校等等"事业"，这一段时间，哈同花园外面，也发生了极大的变化。在前此的洋务运动中，江南制造局、招商局等先后建立，租界里的市面，果然不出哈同所料，以南京路为中心，逐步向西发展。哈同还勾结租界当局，拓宽了北京路等东西向道路，而故意把南北向的路造得弯曲狭窄，阻塞了南市和闸北的沟通，促进人口和市面向西发展。

自来火、自来水、电灯、电话先后设立局厂，逐步推广应用，有轨电车也开始铺轨。看1910年左右拍摄的南京路市容照片，闹市中心已由河南路口移至浙江路口，一般都已是二层楼的市房，有些大的铺子，如杨庆和银楼、费文元银楼，还在二楼上面搭出一个亭阁式的假三楼。巡捕房已移至云南路口附近，对面造起了议事堂，作为工部局的中心，虽然也只有两层，却宽阔堂皇，在居民看来，仿佛今天看到徐家汇万体馆一样。

电车是新鲜事物，第一条线路，原来准备从虹口的老靶子路沿北四川路折经外摆渡桥，再由外滩折入南京路，一直沿静安寺路直到静安寺。但哈同出来干涉。为什么呢？终日车声轧轧，铃声叮当，要侵扰哈同花园的幽静。因此，只能改变规划，到黄家沙，即折至爱文义路（今北京西路），绕了一个圈子，才到达静安寺终点。可见那时哈同的势能通天、钱能通神到何等地步。

记得我童年时，不时听到有些常常跑上海的"开通"人士，唾沫四溅地说，他们不仅常乘电车，还能"跳"电车。行驶途中，能跳上去，查票来了，能轻轻从车后跳下。20年代中，我初到上海时，电车前后已装了铁栅门，是没法跳了。车子还分隔头等、三等，头等座位加一层藤面的弹簧，大都是碧眼黄发的外国仕女乘坐的,中国人即使愿多花一两个铜元挤进去,也必遭白眼。

外滩公园公开挂出"华人与狗不得入内",这也是同一的意思。

听说,挂出"华人与狗不得入内"这样的牌子,哈同是反对的。这听来很奇怪,其实也可理解。他本是伊拉克的犹太人,也属于非白肤的"贱民"之列。所以,他已当了新沙逊洋行的"康白度"(comprador,即买办)一级职员,还只能娶个黄种女子。后来,尽管黄金铺地,富可敌"国",而且,被封为工部局董事,入了英国籍,但在欧美人看来,究竟"非我属类",不可能"一视同仁"。所以,尽管他费尽心机,用各种压迫手段剥削、毒害中国人民,在他所管辖的洋行、花园里,压迫供他役使的华人,而对于臭名昭著的民族歧视,他不赞成,是可以理解的。当然,比之鲁迅笔下的有些数典忘祖的"康白度",这应该说还是一个"美德"。

与此相关的,哈同的另一"美德",是没有"富易妻"。他一直守着这个"相夫有术"的中国女子白头到老,即使罗迦陵中年前后,有不少艳闻逸事,但从没有听说他有什么外室,他似乎也不曾拈花惹草。爱俪园里,也没有传出过他如何污辱女性的故事。

他听从罗迦陵、黄宗仰、姬觉弥等人的意见,和中国的在朝在野各式人等来往,有时还延请到园里加以供养,出于利己的动机,也可能与他那种民族感情有关。

"下流之人,众毁所归",我写这些,不是为他脸上涂油彩。我想,既然为他立"传",该全面些,即使只有一长可取,也不该一笔抹杀。

那几年,在全国,也是波涛汹涌、山雨欲来的时候。自从戊戌百日维新失败,接着庚子八国联军炮轰北京,签订《辛丑条约》,举国有国亡无日之惧。在此以前,一般人对君主立宪还有些幻想。孙中山在1894年组织兴中会,倡导革命,不少人还认为是犯上作乱。辛丑以后,舆情一变,志士仁人都认为这是救国唯一的途径了。

也在那几年,清廷更加腐败,更加倒行逆施。在《苏报》案发生以后,又把一个名叫沈荩的敢言的书生,活活鞭死在天牢里,这就更加激起人民的愤怒,各地也更加频繁地爆发起义,前仆后继。上海、汉口等处租界里,纷纷创刊宣传革命的报刊,而宣传君主立宪的《新民丛报》,则因为遭读者唾弃而宣告停刊。

在慈禧和光绪去世的前夕,清廷还想欺骗人民,宣布预备立宪,以九年为"预备"期。张謇、汤寿潜等士绅组织的"预备立宪公会",则发动请愿,要求在两年内召开国会。

到1910年,清廷先批准川汉、粤汉两铁路由民间集款兴筑,后又出尔反尔,派端方为督办,收归"国有",实际仍将主权出卖给外国。这就激起了全国特别是川、鄂、湘等省的保路运动,一时如火如荼,成为清王朝的催命符。

在19世纪中叶,已由外人在上海吴淞间建了一条小铁路,不久便被愤怒的人民掘掉了。庚子以前,清廷向各国借款,修建卢(卢沟桥)汉等铁路,《辛丑条约》后,逃到西安的慈禧"回銮",到郑州后就是从这条铁路回北京的。实际上,建造这些铁路,是把国家主权大拍卖。各帝国主义国家,因此更明目张胆地在中国划分了"势力范围"。比如,东北的铁路,由日本和帝俄兴筑;卢汉路由法国和比利时借款;滇越路由法国攫取;沪宁、沪杭路由英国修建;胶济路由德国修建;津浦路以济南为分界,北段归德,南段归英。交通看来是方便了,而华夏神州,已濒临豆剖瓜分的险境。

在这期间,革命形势也进一步成熟。1904年,章太炎、蔡元培、陶成章等组织了光复会,黄兴、宋教仁等两湖志士成立了复兴会。翌年,这两个会与兴中会在东京合并成立了同盟会,推孙中山为首领,而各地的起义日益频繁,暗杀清廷官吏的事件也时有发生。保路运动的爆发,更如火上加油,烈焰腾起。

在哈同花园里,也有"两条路线"的斗争。黄宗仰倾向革命,竭力拉拢哈同夫妇与革命进步人士的关系。姬觉弥则一意复古,怂恿罗迦陵交结官场,接近那些腐败官僚和头脑僵化的文人学士。

到1910年左右,斗争的结果显已分明,黄宗仰已失欢,姬觉弥取得了左右罗迦陵行动、掌握爱俪园全权的地位。

罗迦陵过着"大观园"式的生活还不满足，想进一步模仿"老佛爷"（慈禧），于是，姬觉弥投其所好，鼓励她到京津去实地观光。

北　行

1908年，"垂帘听政"、实际统治了旧中国四十多年的慈禧，和一辈子受到监视、虐待的光绪，相隔不几天，先后"上宾"（旧为帝王死亡的代称）了。光绪没有儿子，他的皇后改称隆裕皇太后，把光绪的侄子、刚刚三岁的溥仪接进来嗣位，由这位小皇帝的父亲载沣任摄政王，代掌大权。

隆裕也是那拉氏，是慈禧的侄女。结婚后就和光绪不睦，在慈禧的包庇下，保住了皇后的名义，忍气吞声地做了十几年"小媳妇"。一旦正位太后，虽然不能垂帘听政，总想摆摆"第一夫人"的威风。甚至连她的总管太监小张黑，也师袭了李莲英的一套，到处狐假虎威，收赃纳贿，几年间，就发了几十万两银子的横财，后来还在天津租界开当铺，设盐号，还立了公馆，"娶"了几个老婆。

再说，我们这个姬觉弥先生，早年想当太监未成，却因此结识了不少太监朋友。他在爱俪园得志后，有些穷太监时常写信向他告贷，他总给以适当的满足。其中，有些是小张黑的属下，多来信怂恿他旧地重游，说他们当尽力拉拢，说不定会得到皇太后的恩赏。

那时,哈同花园里几乎什么都齐全了,亭阁楼台、奇花异草、珍奇百怪以及一切"现代化"的玩意儿,搜罗尽致,比之记载中的大观园,殆有过之。仅用人一项,也可媲美。据当时的记载,全园有奴婢三十余人,账房十人,广仓学窘十五六人,大小和尚近二十人,带发或光头的尼姑三十余人,门房六七人,两校教职员三十余人,男女学生三百余人,汽车司机、马车夫、泥水木匠、栽花匠、漆匠、更夫、巡警等等七十余人,合计全园有七八百人。尽管大多数人为素食,每月伙食费仍达三千余元。加上罗迦陵挥金如土,姬觉弥会出新花样,爱俪园的用度,真如流水一般。哈同觉得肉痛,有时把每月的开支拖延,或把该付的账不付,却又经不起夫人一声催询,只得说:"叫潘林去洋行领取吧。"

有一天,罗迦陵与姬觉弥在内室对坐时,姬觉弥说:"夫人,你福慧双修,现在是什么都齐全了,如果能够到北京皇宫去见识见识,讨到一点恩赏,哪怕是一方匾额,或者太后赏赐一个'福'字,那就更加富贵双全,人间无比了。"

罗迦陵点头说:"林弟(那时他们已姊弟相称了),我也久有此意,只是俗话说,天高皇帝远,我们又没有什么官爵,上天无路呀。"

姬觉弥当然不好说自己有几个太监朋友,说:"我倒有一点门径,有一个天津亲戚,和太后的娘家沾点关系,托他们想想办法,说不定可以入宫去拜见太后。"

罗迦陵听了,喜形于色,说:"那你赶快去准备准备,该打点什么礼品,你想想周到,要用多少钱,我关照老头子拨付。天津方面,你也早去接头好。""是不是要他同去呢?"

"他管的事太多,怕抽不出工夫,我先问他一声。"

"走陆路,还是走水路?"

"我听说还是坐船舒服些,只是听说,黑水洋(指渤海湾)的风浪很大,我顶怕颠簸。"

"那倒不要紧,我可以先和太古轮船局的朋友联络,特别为我们做好安排。"

果然,她和哈同一提这个计划,他不便反对"内阁"的命令,只说:"来回至少要一二十天,我哪能离开上海那么久?洋行、花园里的事也不放心,叫潘林这小子陪你走一趟吧。"

姬觉弥如何着手准备呢?他首先把太古、怡和两个轮船洋行的买办,约进园来茶叙,问到今后两三个月内,什么时候北行风浪较小?在那些北洋班轮中,哪条船吨位最大,设备最好?他也对他们明言,夫人准备到北方去游历,有一批随从,能否把轮船改装一下,或者单放一条专轮?

怡和的买办是广东人,姓李,曾留学英伦,穿一身洋服,说话中常常夹几个英文。他说:"轮船要改装,怕办不到。夫人用了一次,又要改装回来。这样两番拆装,费用太大,这自然不会要船公司负担;但贵方花那么多钱,我看也不值得。"说时,不时把金丝边眼镜从鼻端托起。

太古的买办是上了点年纪的宁波人,早年去香港皇仁书院学习毕业后,即在太古的总行工作,前几年才调来上海。他姓张,未开言先带三分笑,白白胖胖的脸上,留着一撮"人丹"胡子。他慢吞吞地接谈:"常言道:天有不测风云,要预言哪几天风平浪静,谁也难以写包票。大致说,四月十五左右,出太阳的日子较多,风浪一般也较小。夫人出门,我看以那段时间为宜。那时,北方牡丹、芍药相继开放,春光明媚,出游以那段时期最好。敝公司有条三千多吨的大轮船,刚下水不久,设备是最新式的。据我的愚见,不必包一条专轮了,夫人的随员,至多几十人吧,大菜间和头等官舱尽够了。其余的房舱、统铺全空着,也太可惜,货舱里如果不装货,驶行起来反而不平稳。这是我的愚见,一切听候姬总管的裁定。"

姬觉弥听了点点头,说:"我们一行大约也不会超过二十人,你说的那条船上,有几个大菜间?还有比这更好的房间没有?"

"一共有八间。我的愚见,可以把两间打通改装一下,一半用作夫人睡房,一半作起居间;其余四间,由随同的人居住。还有,船大班有一间会议室,和大菜间相连。我可以关照,也改装一下,供夫人进餐或谈话时使用。"

"你的主意很好,就这么办吧。不过,我们要带些婢仆使唤的人,不能让他们住在甲板上,能不能把相近大菜间梯口的几间官舱和别的房间隔开,以免闲杂人等混杂。最好能装个德律风(电话),夫人可以随传随到。"

"那个容易,最近已发明了铃子通电的电铃,敝行已到了一批,正在试用,我关照他们先装上。至于其他该添该办的东西,兄弟一定想周全些,保证夫人旅途愉快,一路满意。"

姬觉弥又点了点头说:"那好,那好,就烦老兄赶紧着办吧。至于改装、添置的费用,老兄可开个清单,到我们洋行去领取。如果旅途顺利,夫人是不会亏待船员们的,老兄的盛情,自然不必说了。"接着他又说:"现在是二月底,准定四月中动身,还有一个半月的时间,老兄看,来得及准备周全吗?"

"可以,可以,总管放心好了。"说时,这位张买办发自衷心地大笑了一阵。接着,和李买办一起鞠躬告辞。

剩下的,是采办些什么礼品,并请问夫人,是否要添置些衣服、用品。姬觉弥心想,珠宝绫罗,宫中是堆积如山的,不要说隆裕太后,就是太监、宫女,也不会稀罕这些,应该从西洋新发明的玩意去动脑筋。有一天,他去哈同洋行,特地去惠罗公司和乌发洋行细细参观一遍。这两家的华经理,听到贵人光临,连忙出来陪同并指点。问明姬的来意后,知道是一笔特大的生意,还领着姬去观看他们存放特别珍贵物品的库房。

长话短说，姬在这两家挑选了一大批新奇贵重的礼物：有新发明、才运到的留声机半打，其中两台装潢特别，嵌有红、绿宝石，附带买一批唱针、唱片；有几台新到的自鸣钟，有的会按时跑出几个娃娃敲钟报时，有的装在一匹精制的马车上，到时会奔驰……还买了一打装有新式弹簧、能报时的金表。此外，还看定了各色的红毛毡毯若干条，以及镶嵌钻石、宝石的手镯、戒指、挂饰等等，还买了两个制作考究的玉如意，以便面谒太后和太后的生母福晋时呈进。这一应礼品，究竟花了多少银子，姬觉弥得了多少回扣，未经考察，不便猜测，大概总要哈同破费几万两吧。

时光易逝，转瞬就到了四月初十，一切已筹备就绪。太古洋行的张买办带了岳阳轮的大班来园谒见，说是船已一切修缮、改装完工，北驶的班期是十五日，请示夫人是否在那天动身。

罗迦陵亲出接见，说这几天来风和日丽，就决定十五启行，早一日把一应行李送上船去。姬觉弥在旁没说什么，只问问搬运行李以何时为宜，以及那天船起锚的时刻。

同行的，除姬外，有一位司账出纳先生，一位会说英文又略知北方风物和官场礼仪的秘书先生，一位总务，还从广仓学窘调来一位字写得好的书启老夫子。此外，夫人的随身侍婢、姬的跟随以及其他长班夫役，共有二十余人。

船预定上午九时开行。夫人的汽车，八时五十九分才开到码头。在大班、二班、大副等的恭迎下，登上头层甲板。呜呜一声，船即起锚离岸。

那时，黄浦江里已停泊不少挂着各国国旗的军舰，小火轮往来如梭。轮船一路迤逦驶出吴淞口，夫人也无心去看黄浦江一路新盖的厂房和烟囱。进入大海，她也无意欣赏碧波浪，因为她儿时，曾随父亲在海上生活过，也听母亲诉说过怨苦，对海并无好感。

随员们却兴致勃勃，在甲板上第一夜就欣赏了海天皓月，直至深夜。第二天黎明，他们又赶起身看日出。那位书启老夫子，兴致特别高，还吟哦出了一首诗："海上有奇峰，隐约云雾中。一轮喷薄出，飘忽见青葱。"他恭楷用宣纸抄好，还加了一行小字："庚戌之春，随侍游海上，得以欣赏日出，仿佛见日边有仙山，率成五绝一首，奉呈爱蕤夫人郾政。"

登　龙

这诗柬先送到姬总管手中，他不满地读了一遍，说："日出时，满处都是红光普照，你怎么看到远山是青葱的呢？"

罗迦陵看到这位老夫子站在旁边一脸惶恐，忙接过这诗笺，细细看了，一脸笑容地说："难为老夫子，谢谢你的诗，请坐吧。"

这位老夫子转怨为喜，忙答："夫人过奖，我还有点事要做，告辞了。"

这首被姬觉弥批评得一钱不值的五言诗,不知被什么人抄录下来,事隔几十年,还被人套用,这大概是这位老夫子始料所不及的吧。

岳阳轮于第三天驶抵青岛。这里已被德国占为租借地,海边开出了一条马路,路旁正有许多苦工,在洋人的监督下,像蚂蚁似的,在营建一幢幢洋楼。远看半山上,也已出现了不少别墅式的楼房,码头上,有德国兵和华捕在巡逻。

第四天清晨,又在烟台停靠了三小时。那里又是另一番景象,从码头迤南傍山,也耸起一幢幢房子,却全高悬着英国旗,海中则有挂着英国旗的小艇在巡弋。

从烟台开出,虽然还是丽日当空,海水却更加深黑,波浪越来越大,轮船上下颠簸。罗迦陵先还和姬觉弥在甲板上散步,仆欧送上的咖啡、土司,她还吃了一点。后来,觉得有些头眩,就被扶着进舱睡下了。从此,就再也坐不起来,身子像被抛掷在空中,又跌落下来;一次起伏,她的心就荡了一次,她呕吐了几次,才昏昏地睡着了。

折腾了一夜,天刚亮,船已平稳了。姬觉弥进来报告,说船开进了大沽口。她起身盥洗完毕,吃了一盘火腿蛋,一杯牛奶,步出甲板。秘书、侍从们忙上前请安问好。她凭着栏杆看去,看到两岸还有不少断垣残壁,八国联军过去已近十年了,留下的疮痍,显然还未平复。

太古码头在紫竹林附近,那一带,还有不少当年激战留下的痕迹。

码头上,早有几家当地大烟土商,和哈同洋行有来往的洋行买办,还有姬觉弥预先知会好的朋友在迎接。

已预备好一辆汽车,先把夫人和姬总管接到马厂道的一幢崭新的别墅里休息。这一带,在墙子河外,是英租界新辟的"越界筑路区",不少王公贵族和富商巨贾,多在这里营建宅第,有的作为"香巢",安顿姬妾,自己一年来住几次,享受一下夷场的"物质文明"。

那幢房子,是小张黑建造的外室之一,可称是美轮美奂,外形是西式建筑,里面的陈设,则舒适而古气盎然。客厅有两个,其一,全部是紫檀木镶嵌大理石的桌椅,披上绣花红缎;另一间则是西式的沙发等等。而侍候的听差,一色宫廷打扮,戴着尖头红缨的帽子,青布长袍,腰间束带,一呼一声"喳"。

预备给夫人居住的房间,是一套两间,外加小客厅,完全是"现代化"的西方款式。

这幢房子落成不久,还没有住过人,所有地毯、壁画、弹簧床椅以及被褥等等,全为接待这位贵宾,赶着置备起来的。小张黑的一个心腹王管家经管这里的一切。他住在客厅后的一间房里,楼下其他的房间,分别安排贵宾的秘书、随员居住和办公。楼上除罗迦陵安息的那套房间外,还布置了姬觉弥的住房和起居间,此外,也有婢女们的住室,还有一间专供夫人用的小餐厅。

罗迦陵安息片刻,更换好一套新衣后,王管家即来问安请示,自然,先由姬觉弥进来通报引见。罗迦陵看这人,方面大耳,大眼睛,上唇留着小胡,一脸笑容,身穿青缎夹袍,外加黑绒马褂,辫子上面戴着一顶平顶瓜皮帽,很像"时装戏"《铁公鸡》里的"向大人"(攻打太平军的向荣)。

王管家一口纯熟的"京片子":"您休息好了?""您看有什么不周全的地方,请随时吩咐。"

罗迦陵请他坐下,说了声"谢谢",并回头问姬觉弥:"孝敬张总管的礼品,都已清出来了没有?"

"带来的箱笼,行李刚刚运到,他们正在清理,回头我一一点交给王管家好了。"

王管家马上站立,向罗迦陵打了一躬,说:"我先代敝上向夫人道谢。"

姬觉弥说:"福晋老太太那边,我们什么时候去请安?"

"敝上前几天来津时,都已安排好了,请夫人宽心。这里离老福晋的府邸不远。昨天老福晋还差太监来打听夫人是否已光临,准备为夫人和总管洗尘。"他又站起来打了一躬。

这个别墅里,有中西两个厨房,王管家打听好夫人的口味,当晚由中厨房办了筵席。罗迦陵十分满意,对王管家赞不绝口。

第二天清晨,福晋府即送来了大红帖子,请当天晚上赴宴。

中午一过，罗迦陵就取出了新制的旗袍，周身都更换一新。姬觉弥清点了呈送福晋的礼品，叫老夫子恭写了大红礼单，一切准备就绪，由王管家带领，分乘几辆马车，前往福晋府邸。

福晋府的庄严、堂皇、富丽，自然更有一番气派，上下传侍的，全是太监。

福晋在大客厅接见，罗迦陵先上去叩了四个头，然后是姬觉弥等随员分批叩头、问安，太监们赞礼，敬茶，还送上几盘水果和满式点心。

福晋问了几句后，传事太监上来通报，筵席已经摆好了。福晋由宫女搀扶起，拉着罗迦陵的手，一同步进宴膳厅。

吃的是真正的满汉全席，席间的一切细节，和宾主的应对，就不细表了。

罗迦陵见多识广，鉴貌辨色，看到旗人爱摆虚荣，福晋喜欢奉承，就一个劲儿凑趣，说福晋如何一脸福相，说太后如何爱民如子，上海的小民也如何称颂功德。说得老福晋只是眉飞色舞，咧着嘴笑。又看到呈上的礼品，样样中意。福晋本来羡慕宫中许多稀奇古怪的自鸣钟，现在看到罗迦陵送来的，也个个精巧而逗人喜爱。特别是留声机，看不见人就有歌唱，有"洋人大笑"。而且，听了不过瘾，还可以再唱，真不可思议。她对罗迦陵说："这些好玩的玩意儿，天津洋行里还没有见过，多亏你带给我长长见识。"她还定要罗迦陵穿着"洋婆"的衣裙去见她，说这种服饰，虽然不合天朝体制，穿着想是很舒服的。

过了几天，更相熟了，福晋还特地关照膳房，做了各种满洲饽饽，请罗迦陵去品尝。

罗迦陵婉转表示，她想去宫中朝见太后陛下。福晋满口答应，说已派太监去京，请示晋见的日期和仪节了。

几天以后，太监回来了，说："太后娘娘听说哈同夫人已到天津，极其高兴，本来要早日召见，无奈近来南方的革命党更加猖獗，京师又发生谋刺摄政王的案子，心绪十分不宁，凤体有些不适，说将来等哈同先生进京时，一起召见吧。进贡的礼品已收到了，太后赏赐的东西还没准备好，先颁下太后御笔写的'福'字，奴才已带来了。"

福晋听了，老过意不去，对罗迦陵说："咱们娘儿俩也是有缘，我看到你，从心底里喜欢。老身托大，咱们认个母女吧。"

罗迦陵听了，正求之不得，连忙下跪叩了四个头，亲热地叫声"姆妈"，并说，今天先改了口，明天再备礼，正式过继。

自然，又由王管家陪着姬觉弥到英租界、法租界，还有德、意、日、比等租界，走遍了各洋行，搜集了一批珍贵礼品。福晋府内也开盛筵庆祝，罗迦陵自然发了许多赏银，阖府上下都快乐了一天。

从此以后，罗迦陵是太后母亲的干女儿。她想，和当今太后娘娘是干姊妹了，虽然还称不上郡主，也可以摆摆这股威风了。

所说的摄政王被谋刺的事，是那年四月，汪兆铭、黄复生、喻培伦等革命党人混入京师，谋在摄政王上下朝必经的什刹海附近一桥下行刺，经破获，汪等均被打入天牢。"皇族内阁"中有些"开明"的大臣，怕多开杀戒，会更加激起民变，就把汪等判为永远监禁，还在狱中予以优待，要他们读书改走"正道"。后来，袁世凯东山再起后，还派了汪重要的任务，详情下面再表。

罗迦陵看到在津已没什么事要办了，听说北京开始刮风，终日黄沙漫空，不想去了，打算回上海。她对姬觉弥说："轮船的罪受够了，决定坐火车回去吧。"

"太古洋行包定是来回的，怎么回复他们？"

"大不了，他们的一切损失，全由我们负担。"一经决定，便由福晋府出面，包了津浦线的一节蓝钢车，两天三夜到了浦口，过江换车回到上海。

辛 亥

我比溥仪先生小一岁，"有幸"在慈禧的垂帘听政下做了一年多"子民"。辛亥革命那年，我已五岁，小辫子有半尺多长了。

在辛亥以前,革命的空气也已波及到我们那个闭塞的小城。大人们唱的不少流行"山歌",我也能跟着唱。现在还记得有一段:"……卖铁路,发洋财,恶人终有报。呀呀呀得尔喂,倒运盛宫保(当时的邮传大臣盛宣怀)噢噢噢。"这些歌曲,分明是从上海这个十里洋场逐渐流传来的。

后来,我识字了,曾在一个书橱角里看到父亲收藏的不少红封面薄薄的小本,大概是有正书局用有光纸石印的。在里面就找到这首曲子,还印有几个人的画像。其中,有"革命伟人孙文""革命军总司令黄兴""革命都督黎元洪",也有加上程德全、陈其美等人的。有的,大概还受到"余毒"的影响,把"孙文"写成"孙汶"。总的说来,可见那时的宣传工作,做得相当深入、普及。

我们这个周围只有三里的小城,却分属两县,以相传是周处斩蛟处的蛟桥为界,桥东属宜兴县,桥西属荆溪县。我们的破宅子,恰在宜兴县知事衙门的隔壁。据父老们说,原先,在前院的东墙,爬上梯子,可以看到知县老爷升堂问案和把犯人按在堂下打屁股的情景。在后楼,则可以偷觑知县老爷和妻妾的调笑作乐。后来,县衙门把墙头加高了一截,就什么也看不见,只听到飘来的喝打、呼号声和后院的丝竹声了。

因为有这个"芳邻",使我家多受了几天虚惊。武昌起义的风声传来后,里巷相传,革命党都是天兵天将,而且白铠白甲,要为崇祯皇帝报仇。自然,县衙门是进攻的目标,四周的邻居难免玉石俱焚的。

很有几天,全家连厨下的油盏都不敢点,烧饭时也当心不让柴草燃出灶口。破大门终日紧闭着,加上一道粗门闩。还约定了一个暗号,壮年的男子有事不得不上街去一趟,回来时对暗号,比如,里边说个"山"字,外面对个"墙"字,这才启闩开门。

风声鹤唳了几天,革命却意外顺利地成功了。大约在阴历十月中(武昌起义后一个多月),无锡、常州都光复了,我们县城里也有些赵秀才、假洋鬼子、赵司晨这类的人物,大概也是"柿油党"吧,发起组织了民团,不费一枪一弹,就把两个县衙门都占领了,推出一位姓储的绅士当临时民政长,还贴出安民告示,要商铺照常开业。两位县太爷及其阖家细软,则连夜被送出了县境。这样,革命就算成功了。

只发生一件震惊全县的事,一个姓朱的青年,曾留学日本学过体操,在那几天,他跑进城隍庙——有人说是火神庙,把一尊塑像推倒。这一革命行动,很激动了人心。

辫子都还盘在头上。我的小辫子,也在第二年才由母亲动手剪去,留了一截,当时说是留了个"鸭屁股"。

像上海那样一个中外杂居的大都市,光复就不那么简单、轻易了。

武昌起义是1911年10月10日(阴历辛亥八月十九

日),上海于11月3日(阴历九月十三日)光复。第二天,新创刊的《光复报》,对光复的经过有如下的记载:"昨日下午二时,闸北失火,(巡警局)姚局长逃亡,民军乘机占领。巡警总部管带(相当以后的营长)陈汉钦先占总局,系民军总司令李燮和所派。五时,民军得沪军营。上海道刘(燕翼)逃入租界。城内各官逃避无踪,城墙各处均悬白旗。商团巡警左手均缠白布。举李平书为民政长官。民军攻(江南)制造局,伤八人,死二人。七时,占浦东火药局。十时,焚道署及参将署。今晨六时,三攻制造局,九时,全局为民军占领。铁路车站及租界之华商,白旗飘扬。……吴淞炮台于昨日四点钟已悬挂白旗。"

短短两百多字,已可见当时的人心所向,对清廷的防守势力,已如摧枯拉朽。但斗争的经过却十分复杂,革命力量内部矛盾重重。孙中山先生就任临时大总统前后,又在上海举行了决定民国命运的南北议和,袁世凯从中做了些手脚,后来篡夺了政权。所有这些,已有不少史书、史料详细记载。我在下面只想略表几个关节问题,如陈其美与李燮和争都督,陶成章被刺,以及南北议和的内幕,这些,多半和爱俪园有关系。

不管是英雄造时势,还是时势造英雄,一个朝代的兴起,总会出现一些英雄人物,何况辛亥革命这样一次推翻中国二千多年封建君主专制的伟大革命。孙中山、黄兴、黎元洪等大人物，尽人皆知，章太炎、蔡元培等，前面也已略加介绍。现在，该表一表上海光复前后的几位英雄好汉。

第一个该介绍的是陶成章焕卿先生。记得鲁迅曾在《女吊》中引用明末王思任的两句话："会稽（绍兴古名）非藏垢纳污之地，乃报仇雪耻之乡。"的确，即在辛亥革命前，绍兴就出了不少了不起的人物，如蔡元培、鲁迅，如近代史上有名的鉴湖女侠秋瑾，如1907年暗杀安徽巡抚恩铭而英勇就义的徐锡麟烈士。陶成章也是杰出的一位。1904年成立的光复会，他是核心之一，是实干的领袖。1905年，他和徐锡麟在绍兴开办大通学堂，训练干部。后徐赴安庆，陶继续在浙江各地秘密活动。同盟会是一个松散的革命同盟组织，主要由兴中会、华兴会、光复会三派联合组成，共同的目标是推翻清廷的专制统治，建立共和。至于建设怎样的共和，彼此的见解是有差距的，行动上也有些各行其是，"同床异梦"。1905年同盟会成立后，陶成章即赴南洋一带活动，对华侨宣传和筹款，和孙中山及其部下的活动并不呼应。1909年，在上海成立锐进学社，是光复会准备起义的秘密机关。

到了1910年，由于彼此的政见不同，以及章太炎和吴稚晖的一场笔战，就使光复会在同盟会中的离心倾向进一步表面化。那年，陶成章等在东京恢复了光复会组织，推章太炎为会长，陶任副会长。从此以后，他们的活动，与同盟会是有联合，也有更明显的"斗争"了。

第二位是李燮和。他后来参加"筹安会",拥护袁世凯称帝,被目为"洪宪六君子"之一,受人唾骂。辛亥时,却也是一位轰轰烈烈的英雄。他是湖南安化人,早年在私塾读书时,看到《扬州十日》《嘉定三屠》这类的秘密小册子,就立志要推翻清廷,光复中华。后就读长沙,组织革命小团体"黄汉会"。1905年,任宝庆中学堂教员,与复兴会的谭人凤等在宝庆发动了一次起义,企图进攻长沙,不幸事泄,死难者有百余人,以后,他亡命日本,参加同盟会。湖南革命党人组织萍(乡)、浏(阳)、醴(陵)起义时,他在南京谋策应,曾布置刺杀当时的两江总督端方,不成而逃,被端方悬赏通缉。他逃到上海,结识了陈其美、陶成章等,和陶更意气相投,一起去杭州,在西湖白云庵会集浙江各地的会党首领,成立秘密组织。返沪后,又和陶等组织了锐进学社,还附设了一个"中国女子国民会",主持者为尹锐志、尹维俊两位女志士,当时称为"二尹"。

从此以后,李燮和成为光复会的中坚人物,在上海一带积聚军事力量,相机起事。

第三位英雄是陈其美,字英士。他是浙江吴兴人,童年曾先后在当地的典当和缫纱作坊当过学徒,暇时刻苦自学,1906年到日本。当时,各省的青年向往日本的明治维新,官费、自费留学的,最多时达万余人。陈进的是东京的警察传习所,参加了同盟会。1908年返国,曾在于右任、宋教仁主持的革命报刊任记者。1911年同盟会在广州发动黄花岗起义失败，谋在长江中下游积极活动，7月，在上海成立同盟会中部总部，为指挥机关，核心人物为谭人凤、宋教仁及陈其美等五人，陈负责指挥军事。

上海光复前后，这三位英雄，都曾大显身手。辛亥那年的11月3日，李燮和先在吴淞聚集革命武装数百人，成立"驻淞汉军都统府"，旋率队进攻闸北的清廷机关，一一加以占领。5日，成立上海军政分府。据那年11月6日的《光复报》载："军政分府已于昨日成立，推定李燮和为军事指挥官，李平书为民政长，伍廷芳、温钦甫（按即后来的抗日战争时期当了汉奸的温宗尧）为外交部正副部长。"7日的该报又载，李的头衔改为陆军总司令，并推沈缦云为财政部长。

那时，陈其美却着眼在南市，他和上海的进步士绅李平书、沈缦云、吴怀疚等早有联系。11月3日那天，他率部进攻制造局，虽预先约好内应，但遭到该局的猛烈抵抗，陈被拘捕关禁。第二天，李平书等率商团策应，才把制造局攻下，救出陈其美，并推举他为上海都督。这样，陈、李二氏争地盘、抢地位的斗争就激化了。

第四章

转　篷

话分两头。那时，革命的风浪，也从暗沟里波及爱俪园。首先是引起哈同先生的烦恼。他想，不管四周有什么骚扰，租界是不会有影响的，革命党不见得比小刀会更加激烈，敢于向洋人"挑衅"。而且，内地闹革命，一定会有不少官宦、富豪涌进租界，说不定他可以乘机增加房租，地皮也会涨起来，而做鸦片生意也会更发财。懊恼的是，他这位夫人最近的天津之行，白白花了几十万两银子，不仅没得到一点好处，"羊肉没尝到，惹了一身膻"。

一天，他从洋行回到园中，一脸不高兴地对罗迦陵说："看来，中国是要改朝换代了，连租界里的中国铺子也家家挂出白旗了。"

罗迦陵说："那和咱们有什么关系，革命党还敢打进租界来？让看门、巡更的多加小心，门禁加严些好了。"

"我不是说这些。我说潘林这小子尽出些馊主意,你也太相信他了。去了天津一趟,凭空丢了几十万两,换回了一张纸头,什么'福'呀,惹了一个丑名声。咱们对中国的事,最好谁也不问。这下,我怕别人会说咱们维护皇室。"

这些话,也引起夫人的烦恼和懊悔。她皱了一阵眉头,想出了一个主意:"何不请乌目山僧来商量商量,他和这些革命党,一向是有些来往的。"

"我已好久没看到他了,前些日子,仿佛听到他已回镇江去了。"

"他是到外埠去云游了一番,上个月已经回来了。"说罢,忙吩咐身边的婢女:"快去佛寺请乌目上人来一趟,说我和老爷请他来讲经。"

自从姬觉弥当了总管后,黄宗仰就被搁置一旁,意兴阑珊,只关在小寺里,和几个和尚念念经。的确,他也出过门,回过金山寺,还去过宁波的天童寺和南京的栖霞寺,想另找个安身之所。他曾向各寺的当家方丈试探口风,都没有结果。有的说:"这里的庙小,供不下你这尊大佛。"有的还怨他而故意调侃:"你有哈同夫妇这样的善士供养,哪会再想到我们这些破刹,这分明是打趣我们。"他到处碰了软钉子,只得又回到上海。他回来时,罗迦陵一行正在天津逍遥。

不久,武昌起义的风声传来,他暗自高兴,曾去附近访问过几次赵竹君,了解到一些华界的情况。也曾去南市一次,打听到锐进学社,还和陶成章、李燮和见过面。他们知道这位山人是太炎的老朋友,便不把他当成外人,有些事,还请他参加意见。

他听到哈同夫妇请他去谈话,知道时移势易,这一对施主又要借重他了。他对来人说:"你先回去复禀,说贫僧马上就来。"

乌目山僧换上一件干净的法衣,走出庵门,沿着通往频伽精舍的长廊行进时,瞥见姬觉弥正在待云楼中高声指挥着工役,清除池塘的残荷,搬运盛开的菊花。心想:"今天夫人召见我,怎么没有他在座?往常,他是绝不让我和夫人单独谈话的。"他看姬背向着他,也就装着没看见,低头走过了待云楼。

走进精舍,有侍婢来招呼说:"老爷和夫人在小客厅等待上人。"他心里盘算:"一定是时局紧张,要找我商量应付。他们夫妇从来没有一起邀我谈过话的。"

婢女把小客厅的门打开,他轻轻走了进去,见哈同敞开西装,腆着肚子,斜倚在正中的沙发上;罗迦陵穿着橙黄色的夹袍,西式背心,坐在窗口的靠椅上。他合十向他们问了好,女主人忙含笑请坐。哈同破例先开口,他的一口上海话,已说得像本地人差不多了:"这一阵,洋行里事情忙,为了维持边界和租界的秩序,工部局天天开会,一天睡不上六小时觉,总想找上人谈谈天,老抽不出工夫。"

夫人忙接着说:"我也到北方去玩了一趟,算来,也和上人有两个多月没见面了。"

"贫僧也曾出门云游了一段时间,回来以后还无缘拜见两位施主。"

女婢送上了香茗,退出去了。

夫人又开口说:"上人以前送给我的《大藏经》目录,我已焚香拜读过了,决定用大字精印几百部。他们是外行,一切还要仰仗上人主持,该怎么筹划,大约要多少钱,最好请先打个计划,我叫人帮同去办。"说毕,含笑向和尚瞟了一眼。

和尚忙低头合十说:"这是两位施主的大功德,贫僧理当效力。"

哈同忙把这事扯开,仿佛淡淡地问:"外面乱哄哄,听说上海城已被革命党占下了,不知要乱到什么时候?上人的看法,革命真会成个气候吗?"

"据贫僧看来,清室的气数是尽了。"

"不是袁宫保已被请东山再起,带领大兵打下了汉口,昨天还听说,连汉阳也克复了吗?"

"是的,那是上海光复前两天的事。"

"可是,上海人还不相信。前几天《申报》登出这个消息,有几千人包围质问,硬说是造谣,还把窗门都砸碎了。要不是工部局派巡捕去驱散,还不知要闹出什么大乱子呢。"

"现在的关键已不在汉阳一地的得失,而是在上海将要进行的谈判。但是,不论结果如何,清室的天下终是完结了。"

哈同夫妇听了一惊。听他说得这样决断,知道话中有话,而且料到这和尚已和革命党中人有来往,消息灵通得很。

罗迦陵进一步试探:"章太炎、蔡元培这几位爱国学社的先生,上人最近碰过面吗?我很敬佩他们。"

"他们还没有露过面,上海的事是由李燮和、陈其美几位先生主持的。"

哈同忙插话说:"听说他们内部也不和,大家想当都督,是这样吗?"

"那是总好解决的。关键还在对付北方的问题,先攻下南京,棋就活了。"

哈同夫妇看他对局势了如指掌,想必他和革命党不断有所接触。罗迦陵又笑笑说:"上人可以多找他们谈谈,路远,我关照他们给你套马车,用我的汽车也行。"

"那倒不必。他们有些暗中接头的地方是在租界里,就是到南市去,雇辆黄包车到老西门,步行进城也不费力。"

"那好。该用钱的地方,不要为我们节省,到账房去开销好了,如果有机会,也可以请他们来园里玩玩。上人是知道的,我们对政治没有兴趣,但很喜欢交朋友,对章、蔡几位先生,是老朋友,更加关心,见到他们和他们的朋友们,望转达我们的心意。"

和尚连忙答应，而心里却想，这位机灵的女施主，已看到风向在变，在做未雨绸缪的安排，而在他们的心目中，他自己的地位又转高了。

这两位男女施主还特别破例，同上人一起共进了一次相当丰盛的素斋。

膳毕，他告辞出来，走过大厅，看到哈同夫妇的照片上新悬上一个大镜框，正中是一个大红的"福"字，下面还写着"佛陀"的一行字：太后御笔。心中不免冷笑一阵。

从此以后，他果然每天出去走走，有时去南阳路的惜阴堂看望赵竹君。在那里，还时常碰到《时报》的狄平子，正准备接手《申报》的史量才（那时，《申报》还由席子佩主持），张謇的代表刘厚生和浙江士绅立宪党人汤寿潜等。从他们的口中，知道英国公使朱尔典正出面"调停"，武汉双方暂时停战，袁世凯虽已答应从"洹上"出"山"，任内阁总理大臣，却尚未正式就职。北方的新军将领也跃跃思动，第六镇（师）都统吴禄贞却被人在石家庄暗杀，一般估计是袁派人下的毒手。此外，听说各独立的省，将派代表去武汉会议，商量对清廷的一致态度和如何组织临时政府等问题。看来，这个惜阴堂，与北京和南方各省都通声气，消息非常灵通。

他也进过城几次，见到陶成章、李燮和，也见到陈其美和李平书等，知道陈其美11月4日从制造局被商团救出后，

第四章

6日就由李平书等拥戴，就任了沪军都督，比李燮和抢先一步。李很不服气，控制了从吴淞到闸北地区，依然以上海军政分府（武汉成立的称中华军政府）发号施令，和都督府对抗。乌目山僧曾劝说双方以团结为重，早日兴兵北伐。

他把听到的，挑些重要而无关机密的，回园告诉了哈同夫妇。

阴　谋

陈其美成立的沪军都督府，规模相当宏大。他自任都督以外，还兼任司令部的部长。聘请了八位顾问官，第一名即后来有名的资本家——"阿德哥"虞洽卿（和德），第二名是教育界名流沈恩孚。下设八个部、二十几个科。另外，还设了一个外交部长，由伍廷芳担任。

这些部长、科长、科员中，有不少后来到国民党统治时期还很知名，有的甚至还成了"党国要人"。如黄郛，原来在清政府军咨府任科长，他本是陈其美的好友，武昌起义后，离职南下，成为陈其美幕内参与机密的人物。都督府成立，任参谋部部长。后来成为"党国元老"的钮永建，任军务部部长。张群则在他手下任军械科科长。后来在军政界名位仅次于蒋介石的何应钦，那时却只当一名二等科员。

还有，后来贵为"党国"领袖、总裁、委员长、总统的蒋介石，那时屈沉下僚，当一名侍从副官。但听说，他那时就和黄郛、张群等十分友好,同受陈都督的知遇。也有人说,他们曾换过"兰谱",暗中称兄道弟。

那时,上海就已是一个"染缸",什么人得势了,就有人吹捧、抬轿、请酒、送礼。听说,这位陈都督就任以后,天天酬酢,饮宴无虚夕。他也不拘"小节",什么酒楼、妓院,有请必到,到必恣情纵乐,一时有"杨梅都督"之称。

相比之下,李燮和这个吴淞"分府"的都督,却受到冷落,使陶成章等光复会首领们愤愤不平。常言道,"两雄不并立",一个市里出现两个都督,而且李起事在前,实力也较雄厚,看到陈其美刚从制造局被救出来,就抢先挂出都督的招牌,李的部下纷纷要找陈"算账",大有"火并王伦"之势。

主要由识大体的光复会首脑蔡元培的劝导,乌目山僧也秘密约过双方核心人员到爱俪园茶叙,讲清"小不忍则乱大谋"的道理,双方划清了防区,各自约束部下。这样,才避免了公开的火并。

当时有一本小册子记述了陈其美登台的经过:"己卯(11月4日),程德全反正于苏州;庚辰(5日)汤寿潜反正于杭州,林述庆反正于镇江。燮和乃议大募军队,上清长江,与武汉、九江兵相应。而陈其美、李平书建议先开府于上海,……辛巳(6日),有业报者十余人,集于海防厅,议举都督。燮和部属唯章豹文知之,驰往,则见一人手叉炸弹,呼曰:'今日事已属某君,有异议者,即以此击之。'豹文趋出,其美遂为沪军都督,平书为民政长。自沪事起,军警界唯知有燮和,则大哗。燮和出慰,语始定。……"这个册子可能是接近光复会的人写的。所指"业报者十余人",大概是指接近中部同盟会的《民立报》等记者编辑。

经调解,李燮和决定率领新编的北伐军、学生军、敢死队等北征,协同镇江等地的民军,会攻负隅南京的张勋部队,军饷由陈其美负责筹募。这样,一天风云才暂时消散。

在那年的11月里,长江以南及山西、陕西各省,先后宣布独立。30日,十四个省的代表在汉口英租界集议,决定组织中华民国临时政府,以南京为首都。12月2日,江浙联军终于攻克南京,革命声势大振,各省代表会议决定移到南京举行,并准备与清政府开和议。那时,袁世凯正式出任总理大臣,组织所谓责任内阁。

袁世凯真是一个野心家、阴谋家。在《辛丑条约》以后,他奉命在天津附近的小站练"新建陆军",一共练了六个镇(师)。这支配备有洋枪洋炮(比之清朝旧的绿营和乡勇)的新军部队(因袁世凯时任直隶总督兼北洋大臣,故又称北洋军),就成为袁的开基立业、呼风唤雨的资本。宣统登基后,因为袁曾出卖戊戌志士,陷害光绪,摄政王载沣是光绪的弟弟,要报此仇,把袁免了职。袁退居彰德,自称"洹上钓翁",而仍暗中控制这支军队,耳目密布朝野,伺机再起。

他早年曾出使朝鲜，与张謇、唐绍仪同事。在1907年调任军机大臣兼外务部尚书时，和号称"中国通"的英国驻华公使朱尔典密切勾结。

武昌起义后，清廷不得不重新起用他。他就充分利用这些关系，派他的亲信冯国璋率军开到汉口，威胁成立不久的民军政府；又通过朱尔典，倡议停战议和。他一面以民军的力量威胁清廷，一面又挟清廷以自重。他的目的，就是要各省代表推他为大总统，抓住清朝覆灭后的中央政权。

他除了煽惑立宪党人起来反对同盟会，为他火中取栗以外，还把汪精卫从"天牢"释放出来，并叫他的儿子袁克定和汪结为盟兄弟，并资送汪回南京，在同盟会内部秘密进行破坏活动。

12月25日，孙中山先生从欧洲回到上海，受到全国的热烈欢迎。同盟会和上海各界，还曾假座爱俪园，欢迎这位革命领袖。参加的除中山先生外，有黄兴、宋教仁、陈其美、胡汉民等。可见，哈同夫妇那时通过黄宗仰，是竭力想拉拢革命派的。

1912年1月1日，中山先生在南京就任中华民国临时大总统，并着手组织鄂湘、宁皖、淮阳、烟台、关外、山陕六路北伐军，拟会师北京，扫除清室。后在上海举行的南北议和，袁世凯运用立宪党人和同盟会中的妥协势力，胁迫中山把总统让给袁世凯，换取清帝的退位。汪精卫甚至威胁中山说:"如不答应这些条件,外间要说是你恋栈总统地位了。"

那时的南北议和,名义上在英租界的议事堂举行,实则北方代表唐绍仪,南方代表伍廷芳,主要在爱俪园里接触,讨价还价。有些秘密磋商,还在南阳路的赵竹君家里进行。后来公布的清帝逊位诏书,听说底稿也是在惜阴堂拟好,拍发到北京去的。

在陈其美和李燮和的争执已趋平息的时候,章太炎从余杭故乡到了上海,黄宗仰也参加欢迎,并招待他住进爱俪园。哈同夫妇也极表欢迎,当晚备了盛筵,为他洗尘。还特地在侍秋吟馆里,为他陈设了行馆,由黄宗仰陪伴他。当晚,两人纵谈对政局的看法,也谈到同盟会与光复会的矛盾。太炎说:"李燮和已决定率师北伐,但所部力量太单薄,枪支弹药更残缺,能不能向哈同商借百把万元,装备、组织一支基干部队。这笔款,由我负责,将来归临时政府偿还。"宗仰沉吟一刻,回答说:"大概可以吧,我和他们谈谈,如果夫人答应,就没问题了。"

1911年11月20日的《民立报》,刊出如下的一条新闻,标题曰"章太炎之计划",原文说:"革命大文豪章太炎,与李燮和总司令夙称至交。前日抵沪,即往吴淞军政分府与李秘密议决之事二件:一为由先生以私人资格,向某某富户借银六十万两,作李司令从速招募民兵二万人之开办费;一为待南京克复,即将吴淞军政分府搬至去年南洋劝业会场内云。"

不料一波甫平，一波又起，光复会的实际负责人、光复军的幕后支持者陶成章，于1912年1月14日，忽被暗杀于广慈医院。在此以前，同盟会支持的《民立报》曾刊新闻，说独立前的浙江巡抚，曾允捐款二十万，确已解沪交纳，暗示陶曾受这个旗人的巨贿。对这种含沙射影的报道，陶不胜气愤，即写了一篇长文要求更正，文中详述杭州独立时该抚被拘及护送出境的经过，最后说："悠悠之口，本不足介意。然仆不得不声明者，仆抱民族主义十余年于兹，困苦流离，始终不渝，此人所共见者也。今南北未下，战争方兴，仆何敢自昧生平，而争区区之权利！"显见他的心情是十分愤慨的。

也是《民立报》，在陶被暗杀的第二天，报道此事经过："会稽陶焕卿先生尽瘁革命事业，历有年所。此次浙省光复，功绩在人耳目。……讵料昨晚二时许，忽有二人言有要事相访。侍者引入室，公面向内卧。二人呼陶先生，公寤而外视。二人即出手枪击中公太阳穴，复以手枪威胁侍者，禁勿声张，从容而去。公竟此千古，凶手未获，故案情难明了。唯最近盛传满洲暗杀党南下，谋刺民国要人，公或其一也。"

但那时社会上都知道陈其美和陶互相水火。因为浙江都督汤寿潜，由临时政府推为交通总长，浙人都属意由陶继任，而陈其美因沪事棘手，也想到家乡去当都督，因此，大家怀疑是陈下的毒手。在陶的追悼大会上，即有一位叫孙铁舟的发表沉痛演说，说："陶君之死，必死于争竞权利之徒。

如嗣后有因私害公者,当以手枪杀之。"说毕,还掏出手枪,在桌上一拍。这等于明白"点"了陈其美的名了。

这是辛亥革命后第一次发生的暗杀案,又是革命党人的自相残杀,自然引起全国极大的震动。指使者,大家认为是陈都督,然而直接指挥者究竟是谁,当时传说纷纭,直到几十年后,真相才逐渐大白。

浊 浪

1947年,《文汇报》副刊连篇发表马夷初(叙伦)先生的《石屋余渖》,记的大都是清末民初的见闻。其中有一段谈到陶成章被刺案,明白指出,刺陶是陈其美主使,因为他想继汤寿潜为浙江都督,而陶则全浙众望所归,所以指使其侍从副官某,组织两刺客,黉夜入广慈医院,将正在疗养中的陶焕卿狙击毙命,即扬长而逸。短短只有几百字,语焉不详。但熟悉辛亥革命时上海情况的人,都明白他所指的"某",就是那时的"最高领袖"。事后马老曾对我说,这段真相,是包达三先生亲口对他讲的。包先生是这位侍从的总角之交,民初就在上海经商,早年是经常来往的。

1949年2月,我和包先生等同船由港赴解放区。当时,大家都不知道究竟将在哪个口岸登陆,海天一色,长日无事。一天,我和包先生在甲板上对坐闲谈,提到这件旧事,他很详细地谈了这段回忆。

"老上海"都知道，福州路有一家最大的茶楼——青莲阁。辛亥革命时，这家茶馆就很出名了，那时还是一幢三层楼的木结构建筑，底层、二层十分混杂，常有些"莺莺燕燕"（雅称"野鹜"）出出进进，招揽对象。三层比较清静。包先生经常到这里饮茶，约会些朋友。

包先生说："一天早晨，我正在靠楼梯口的一张藤椅上坐着喝茶。忽然听到一阵急促的上楼声，抬头一看，来的正是他。他走到离楼面还有三四级就停住了，把楼上打量一番，就预备转身。我忙喊住他：'瑞元，你忙什么？来喝碗茶再走。''阿拉呒末工夫，正在找寻两个赤佬。''什么事这样要紧？'他从口袋里掏出一卷洋钱，向我扬了一扬：'明朝侬看颜色。'说罢，就匆匆下楼走了。

"第二天清早，我正在喝稀饭，就听到马路上一片喊报声：'快快看今天的老《申报》，看看上海大暗杀的新闻'，'阿要看《民立报》《时报》《新闻报》，广慈医院打死了一个老革命党'。我忙买几份报来一看，才知陶焕卿先生被暗杀了。原来，这就是'他'要我等着看的'颜色'。

"后来，有人告诉我，'他'并未亲自动手。他在傍晚时，先去广慈医院，代表都督去慰问陶焕卿，送了一束鲜花、一筐水果。陶只敷衍几句，就转身睡了。他记清了房间号码及门窗布置，晚上去行凶的，自然是这一卷洋钱所雇用的'赤佬'了。"

包先生还说:"在交易所时期,我们偶有来往。北伐以后,他阔了,我就不再去找他了。但是,他似乎还很念香火情,我和马先生他们搞民主运动时,他曾托人向我打'招呼',说不要上别人的当,我没有理睬。那年(指1946年)我们到南京请愿,马先生等在下关遭到一顿毒打,却没有碰我一根毫毛。转天,他还把我和虞延芳先生接到官邸,解释了一番。"

我凝神听他娓娓讲这段故事,看到四周的茫茫大海,浊浪滔滔,波浪一个接着一个。后来,我看到包先生自写的简历,也提及此:"(我)1909年赴日本求学。1910年为参加辛亥革命,与蒋及张群三人秘密归国。九月光复杭州时,加入敢死队,蒋为团长。事成,蒋向临时财政总长张申之强取库银军用票五万元,返沪任性挥霍。十月,蒋受陈英士之命,暗杀陶成章于广慈医院。我为此二事,心甚非之,遂与绝交。"

中山先生就任临时大总统刚十几天,听到发生这意外的凶案,十分震惊和愤怒,马上打了一个急电给陈其美,要他严缉凶手。原电如下:

> 万急,沪军陈都督鉴:阅报载光复军司令陶成章君,于元月十四号上午两点钟在上海法租界广慈医院被人暗刺,枪中颈腹部,凶手逃去,陶君遂于是日身死,不胜

骇异。陶君抱革命宗旨十有余年,奔走运动,不遗余力。光复之际,陶君实有巨功。猝遭惨祸,可为我民国前途痛悼。法界咫尺在沪,岂容不轨横行,贼我良士!即由沪督速严究缉,务令凶徒就获,明正其罪,以慰陶君之灵,泄天下之愤,切切。总统孙文。

章太炎对这一暗杀案当然十分愤慨,经黄宗仰等友人多方解劝。他和同盟会中张继等的私交一向很好,张也到爱俪园与章晤谈解释。但章对陈其美等始终怀恨并鄙视。他于1月下旬给中山先生写了一封长信,上称"逸仙总统执事",下款署"章炳麟白"。信中有一段谈到同盟、光复两会,说"同盟、光复初兴,入会者半数是上流,初无争竞,……后渐有差池,盖以习文教者寡,唯以名号为争端,则两会之公咎也。然自癸(1903年,癸卯)、甲(1904年,甲辰)以来,徐锡麟之杀恩铭,熊成基之袭安庆,皆光复会旧部人也。近者,李燮和攻拔上海,继是复浙江,下金陵,光复会新旧部人皆与有力,虽无赫赫之功,庶可告无罪于天下……"还是发了一通牢骚,并且暗暗指陈其美之流是下流,是不学无术,只知争权夺利。

太炎是一个"书呆子",把政治看得太简单,辛亥革命后,就以为革命成功了,唱出"革命军兴,革命党消"这类天真的调子,和立宪党人多所来往。自从刺陶案发生后,更加背离同盟会,而和张謇等先后组织统一党、共和党,被袁世凯利用来对抗孙中山和同盟会(不久即改称国民党)。直到袁的野心暴露,他才跑到新华门前大骂袁世凯,被袁幽禁在龙泉寺。袁死后,他回到上海,依然由乌目山僧招待住在哈同花园,并在那里和汤国梨夫人结了婚。

他是一个铁骨铮铮的民族主义革命家,虽以"书生之见",屡被人利用,但始终热爱祖国,至死不屈。所以鲁迅说他"既离民众,渐入颓唐。……但这也不过是白圭之玷,而非晚节不终。考其生平,以大勋章(袁政府授予的)作扇坠,临总统府之门,大诟袁世凯的包藏祸心者,并世无第二人;七被追捕,三入牢狱,而革命之志,终不屈挠者,并世亦无第二人。这真是先哲的精神,后世的楷模。"这才真是公允的历史主义的评价。

为了说清楚民初同盟会与光复会之间这一段公案,啰唆了以上一大段。总之,哈同夫妇那时是信任乌目山僧的,对革命派继续有联系和帮助,不管他们的动机如何。下面,要叙述这对伉俪的另一方面了。

租界是冒险家的乐园,是达官贵人、富商大贾的安乐窝、销金窟,又是失势军阀、政客的避难所。在台上干尽了坏事,一旦被迫下台,或被指为元凶,或被明令通缉,往租界一溜,就"无官一身轻",安然做寓公了。上海租界里的爱俪园,是租界里的租界;它像北京城这个"大圈圈"里有紫禁城这个"黄圈圈"一样,相当保险。

从1909年爱俪园落成,到1931年哈同去世,它不知收容庇护了多少下野政客、在逃官僚。自然,它的主人不是出于慷慨好客或对失败者的同情,而是在做生意,做那种获利更大的"剥削剥削者"的生意。

哈同在辛亥以后庇护瑞澂,就是一个显著的例子。

瑞澂是满洲正黄旗人,因为是皇室的近族,每被越级递升,初从一个荫生(靠祖先的地位授为生员)任某部的主事(科长),不久就升任苏(苏州府)松(松江府)太(太仓府)道台,上海也在他的辖区之内。那时,哈同就和他勾结,彼此称兄道弟。瑞澂把搜刮到的银子托他保管生利,经营的田赋税款也存放入哈同洋行。哈同用之转放高利贷。

不久,瑞澂升任江苏布政使(民政厅长)。到1910年,清廷看到武汉革命波涛汹涌,调他去当湖北巡抚;没有多久,又升任他为湖广总督。真到"直升飞机",平步云霄。

当时,他手下有两支部队,一支是陆军第八镇(师),都统叫张彪;一支是第二十一混成协(旅),统领就是武昌起义时被起义士兵从床底下拖出来当都督的黎元洪。

瑞澂当了总督后,除杀戮无辜军民外,对于正在暗中蔓延的革命火种,不仅无法应付,甚至尚未觉察。据当时的《时报》记载,当起义前彭楚藩等三志士被捕后,瑞澂把张彪叫到大堂,厉声问道:"你的部下究竟有多少乱党,你查

第四章

过没有?"

张彪嗫嚅地答道:"大约有三四成。"

瑞澂把惊堂木一拍,大吼道:"混蛋,怎么你不早禀告。限你三天内全部查清逮捕,——正法。"其实,站在大堂上守卫的几十名新军中,大都已署名参加了革命党。

当楚望台点燃革命怒火,应者四起的时候,有一个道员去向他请示,他还厉声说:"本督自有成算,你不要饶舌。"而当天下午,他就化装为一个商人,拐带了几十万两公款,溜出武昌,坐一条小划子逃走了。

清廷闻讯,下令通缉。他先逃到武穴,后转坐上外国轮船到了上海。

后来,清廷曾令上海道知会租界,协同缉拿,有的说他早已逃往日本去了。其实,他一直被哈同保护在爱俪园里。哈同先还给他摆酒压惊,以后,又拨了一部分房子,让他全家居住安享清福,直到1915年死去。

这笔保险费,自然是十分可观的。

兼 容

哈同花园这座租界里的租界,不仅窝藏过瑞澂这样一个被清廷通缉的封疆大吏,还把宣统皇帝名义上的外婆接到园中,住了好几个月。

上海刚光复时,哈同夫妇迫不及待地把黄宗仰请出来,叫他重新和革命党人多多联络。他们以为天下真要变了，如果不及时"绸缪"，就不能适应新形势，和各地做生意，推销鸦片，会遭到许多麻烦。

孙中山做了一个月的临时大总统，就被袁世凯运用种种阴谋篡夺了政权。各地的政权换汤不换药，还是老样子。这就使这对夫妻迷惘了：究竟是怎么回事呢？难道将来还会挂龙旗吗？

那位"投置闲散"的姬佛陀看到主人们愁眉双锁，却暗暗高兴。一天清晨，他看哈同的马车已驶出去了，便轻轻地蹓进了迎旭楼的后院。罗迦陵正穿着一件旧旗袍，坐在蒲团上默默诵经，上面一尊洁白的观音玉像前点着三炷清香，旁边还设有她母亲的牌位。

他轻手轻脚，在旁边的藤椅上坐下，屏息等待。

大约等了十几分钟，罗迦陵一卷《金刚经》默诵已毕，睁开凤目，微笑地说："你这小子，进房也不通报一声，贼头贼脑的，有什么事吗？"

这"小子"忙用双手把她扶起来，坐在沙发上，嬉皮笑脸地说："奴才已半个月没有见到娘娘，特来问候金安，听候差遣。"

罗迦陵被他的怪样怪腔逗笑了，说："你这油嘴，我让老头子收拾你。你究竟有什么正经的话没有？"

"连天阴雨，难道没有太阳出来的日子吗？"

"你说这话，是什么意思？阴阳怪气的。"

"我看，你被这个和尚缠昏头了，尽招引那些红眉毛绿眼睛的人来，出出进进，钱大概被骗走不少了吧！不要一门心思，俗话说，天晴要防三日雨啊！"

"你总是疑神疑鬼，总和那个山人作对。他也为我们好，多方联络联络，将来好应付。我们是做生意的，不想卷入政治旋涡，但是，树大招风，怕一方的香没有烧到，会遭人暗算。"

"我看，咱们在这一头栽得太深了。天下真会大变吗？袁宫保做了总统，不还是重用那些尚书、总督、大臣？而且，皇上还是皇上，皇宫还是皇宫，说不定哪天还会临朝听政。不要光赶浪头，冷灶也要烧烧啊！"

罗迦陵点点头说："你这话有道理。"

她凝神问姬觉弥："天津那边，最近有什么消息没有？"

"前天我还收到王总管的来信，说老福晋很挂念夫人。又说，北方也谣言很多，前不久，北京曾发生兵变，在前门外大栅栏一带放火烧了很多房子；袁宫保有一次出门也遇了刺客。老福晋很想到青岛去避避风头。"

"那我们何不接她老人家到上海来住住？"

"老板会同意么？"

"那没问题。这回，我一定叫他好好认认干娘。你快写信给王总管，请他先探探口气，如果同意，就请王总管陪侍她老人家来。咱们也该先准备准备。你去想法把频伽精舍好好收拾收拾,参照福晋府的款式,该改装的改装,要添置的东西早日置办。最好请福晋府带一两个厨师来,让她老人家在这里过得舒服些。"

姬觉弥诺诺连声,看到女主人再没有什么吩咐了,便退了出来,沿着曲曲弯弯的走廊,经过观鱼亭来到黄蘖山房。一路看到一片桃林,花正开得火红,像对他脉脉含笑。扑面的绿柳,婀娜飞舞,一条条向他弯腰。他满面春风,走进账房,管事们一个个起立迎接。他关照把频伽精舍好好修饰油漆,寝室和客厅都要换上黄色的地毯,桌、椅、茶几则一色换上新的红缎绣龙帔盖。总之,一切都要新的、上品的,库房里没有,及早去定购。

他还吩咐管理园林池塘的管事们,把从大门进来的马路、走廊修葺、整理一番,该添置电灯的,早日装好。

一面,他又请书启老夫子来,由他说明大意,恭楷写了一封信给王管家,请他务必去谒见福晋,说夫人十分想念干娘老太太,请老福晋一定早日南下一游,最好在下月就光临。那时,江南天气晴和,景色宜人,夫人可以克尽孝道,陪老福晋到处玩玩。信上还说,已经关照好太古洋行,在轮船上特备房间,以便福晋乘轮南下;行期有定,通知该行好了。

在他兴高采烈、忙忙碌碌的时候,黄宗仰也还天天在外奔跑。他最常去的还是惜阴堂。一天,赵竹君翘着拇指对他说:"慰亭真了不起,神机妙算,指挥若定,看来,孙、黄诸位英雄还真斗他不过啊!"

原来,袁世凯攫去了临时总统后,一面利用共和党以及立宪派的民主党等,在国会中对抗国民党;同时命令他的特务机关军警执法处,到处抓人捕人,造成恐怖空气,威胁国会,选举他为正式大总统。他又用计甩开了想组织责任内阁的唐绍仪,把他的亲信爪牙赵秉钧抬出来当内阁总理,重要的阁席都抓在他自己手里。

另外,他却装得很诚恳的样子,连电催请孙中山、黄兴、黎元洪三位开国元勋,到京共商国是。

赵竹君指着报纸说:"孙、黄已复电定期进京了。看来,这两位先生锐气有余,从政的经验毕竟不足,不是老谋深算的慰亭的对手啊!"

和尚似解非解地点点头。

流光如逝,转瞬就到了4月。按照约定,福晋及其随从由王管家陪同,果然如期到了上海;坐的就是上次罗迦陵乘的那艘太古轮岳阳号,舱位也像上次那样改装了。福晋是生平第一次出海,幸喜那几天风和日丽,风浪特别小,没有受到什么颠簸之苦。一路上,看海景,吃大菜,处处感到新鲜有趣。

本来,罗迦陵准备在码头扎个牌楼欢迎,还预备军乐队、花马车,一路吹吹打打,给福晋威风威风。哈同打德律风给巡捕房商量，总巡说：租界里的人心仍然浮动，这样招摇，怕太引人注目，万一出个乱子，就麻烦了。

　　哈同很以为然，决定自己不出面。到了那天，罗迦陵由姬觉弥陪同，在码头迎接，乘了一辆新购的汽车，车头挂上两个彩球，车旁有巡捕持枪保护，风驰电掣，很快就到了爱俪园。哈同率同几个头面执事，站在小沙渡路口对面的大门里迎接。进得园门，鞭炮齐鸣，军乐队在车前吹打，一直到频伽精舍。

　　尽管老福晋是经历过场面的，从上码头后，一路从车窗里看出去，比天津热闹繁庶得多；看到南京路有不少四层楼的商店，啧啧不止。进了爱俪园，目击那一派花团锦簇、富丽堂皇的景色，更加有点像进了颐和园一样。

　　主客在大客厅落座，母女间的一番亲热，婢仆们按次来叩头敬礼，哈同还说了一些招待不周等的客套话，然后，婢仆们献茶、献果品点心，自不必细表。

　　福晋和罗迦陵刚叙谈几句分别以来彼此想念的话，门外又一阵热闹，载送太监、随从和行李的马车一辆接一辆到了。

　　一个为首的太监，双手捧着一个黄布裹着的长方匣子，走到大厅的正中央，高声道："皇上、皇太后陛下御颁的恩赐到。"哈同夫妇听了，连忙恭恭敬敬双双跪下领赐。

　　太监打开包袱，赐给哈同的是一枚二等宝星勋章，还有一张用黄绫写的"圣旨"，由太监宣读。大意说，哈同致力公益事业,对增进大清帝国与英吉利帝国的邦交素著勋劳,以后召见时,赐以公使待遇。皇太后恩赐哈同夫人的,有玉如意一柄,沉香念珠一挂。这对夫妻连忙叩首谢恩,还向在旁的老福晋跪谢。姬觉弥忙吩咐左右赶快点上一对大红烛,把这些御赐礼品供在上面。他还张罗太监们到客厅进茗进点。

福晋还口传太后的谕旨,说皇上已逊位,太后不用操心庶政了。如果哈同先生及夫人到北京游历,太后一定召见。

这对伉俪又肃立谢了恩,这是哈同花园受到的最大光荣。姬觉弥特别高兴,红光满面,这是他给主人铺的路呀!和尚能办得到吗?

土 缘

老福晋的光降,使爱俪园对两种人暂时关了门,和乌目山僧来往的革命党以及剪去辫子、西装革履的"柿油党",只能望门裹足;逃亡来沪要求哈同庇护的清朝官吏,也只能躲一躲了。爱俪园这样大,福晋未必都能游遍,而带来的十几名太监以及随侍的奴婢,却每一个角落都会走到。如果让他们和被通缉的钦犯瑞澂之流碰上,总有些尴尬。

这一层,哈同是早已想到了。半个月前,他就委婉地对瑞澂说:"老弟台(他们早已换过兰谱,连瑞澂的小老婆也和罗迦陵姊妹相称),请谅解我的苦衷。不久太后的老福晋要来住些时候,您会感到不方便。您也该出去解解闷,不妨去日本或香港游览游览。如果不愿离开上海，我可以代您在礼查饭店开几个房间，暂时委屈一下。"瑞澂表示谅解，所以在好多天前就搬出去了。

也有些遗老如郑孝胥、罗振玉之流，要入园谒见老福晋，都被挡驾了。福晋对罗迦陵说："太后自己也不管天下的事了，我这个老婆子，从来没问过这档子的事。这次来，是为了好好叙叙咱母女的情分，理这些人干什么？你关照他们，给我一律回绝。"

福晋的烟瘾也不小，加上罗迦陵为她制备的不少白玉翡翠金镶的烟枪、烟盘和汉口白铜的烟灯，异常精致。不用说，熬好的大土是成缸的。因此，福晋更加乐此不疲，深夜还在吞云吐雾，要到近午才起身。在天气好的时候，罗迦陵陪她去尼庵、僧寺和池塘亭阁转转，每次只玩一个地方，就气喘吁吁，说腰酸背痛，扶在侍婢肩上回来了。

她只出过两次爱俪园的大门。一次是哈同夫妇陪她观光上海的市容，乘车经过静安寺路、南京路到外滩，坐上哈同洋行的游艇，在黄浦江里兜了一圈。在回程中，她看到像房子似的方箱子，在马路上快速行驶，"当、当、当"地沿着两根铁条前进，又看不见轮子，十分稀奇，问干女儿："这是什么玩意？"罗迦陵笑着回答说："姆妈，这叫电车，外国新发明的，上海装好也只有两年。"

她一定要试试去坐坐，这很使哈同作难。后来，和电车公司商量,在某一天晚上收车以后,单放一辆簇新的空车,停在静安寺起点站。那时,福晋已吸足了烟,由罗迦陵及婢仆陪同,乘汽车到静安寺,转坐上去,"当、当、当"地开到王家沙就下车,仍乘预备好的汽车回到爱俪园。

福晋在沪一住四五个月,盛暑已过,秋风送爽,她对干女儿说,要回去了,再迟路上太冷。

自然,又由姬觉弥去外国洋行搜索购买了一批珍贵新奇的礼物。最使福晋高兴的,是由一只紫檀精制的箱子,里面装了六个精选的上好"西瓜"大土。

太监们利索地装运行李,一声一个"喳"。

哈同回头对姬觉弥看一眼,口中嘀咕:"你这小子,早年也净了身就好了!"

哈同这次破悭囊,比他老婆上次去天津那一趟,还要大得多。但他想,这回毕竟也捞到了一座宝星——这是他生平第一次得到的由外国元首授予的勋章,尽管这个元首已不在位了。还有玉如意和沉香念珠,又有"视同公使"的"圣旨",比一纸"福"字值得多了。

那个时候,上海和江南局势又发生了新变化。袁世凯在取得正式大总统的名义后,暗中已在着手布置,一步步走上帝制自为的道路,网罗爪牙,培植亲信,排除异己,像一切封建独裁者一样,唯我独尊,玩弄权术。他先派人暗杀了宣传政党政治、责任内阁的国民党核心人物宋教仁,然后公开免除广东、江西、安徽等省的四个都督——国民党人。他向五个国家借了一笔大借款,以之为军费,派了他的北洋亲信部队,分别压向南方。这就开始了所谓二次革命。那是民国二年,岁次癸丑,所以又称"癸丑之役"。

革命党方面过于天真,也缺少经验,辛亥以后,没有注意积蓄军事力量,临事又意见分歧,步骤未能一致,一经对垒,就告不支而瓦解。

在江浙的一路,袁世凯派他的大将,"北洋三杰"之一的冯国璋(所谓北洋的龙、虎、狗,王士珍是龙,段祺瑞是虎,冯是一条狗),开驻南京,任江苏督军,为他看守向南的大门。另外,派第四师和第十师集中上海,准备开入浙江,因浙人的强烈反对,未能长驱直入。他派第四师师长杨善德为上海护军使(介于督军和镇守使之间的一个军事职称),第十师师长卢永祥为副使,等到对浙的交涉(实际是欺骗)办妥,才派杨善德为浙江督军,卢永祥升任上海护军使。在此以前,浙江有一个时期由朱瑞任督军,后来还由省长屈映光代理过一段时间督军的职务。讲到这位屈先生,还有过一个笑料。那年,浙江歉收,他号召全省节约粮食,他说他自己一向吃的是面食,在他亲自写的布告中,有"本督军向不吃饭,今后尤不吃饭"这样的警句。后来,袁世凯称帝,他第一批上表称臣,因此,人们给他起个外号叫"屈臣氏"——上海刚出现的外国汽水和西药的牌子。

总的来说，上海从此落入了北洋军阀的控制之下，陈其美等国民党人，或躲藏在租界，或远走日本，暂时销声匿迹了。而控制上海、浙江的军阀，后来北洋系分裂，都属于皖系的一派，拥护段祺瑞。

哈同是善于见风使舵的。当时，上海已成为全国经济的中心，也成为鸦片集散的中心。西南川、云、贵、湘和西北的山西、甘、陕，已被迫大量种烟，"国产"烟土多集运到上海，然后分销沿海各城镇，而官宦富商等大户人家，还讲究吸用舶来的大土。所以，哈同有求于中国的军政首领，靠鸦片发财的军政当局，也有求于哈同。当时，黄金荣等流氓头子，在租界里还起不了大作用，杜月笙还在卖烂水果呢。

心相印，利相吸，哈同和杨善德、卢永祥等一拍即合，结成了不一般的关系。

从1913到1924年，北洋皖系军阀控制上海地区达十一年。前后三位护军使都和哈同"如胶似漆"，结下密切的关系。其中，杨善德和卢永祥，后来先后升任浙江督军，哈同还利用这个"友谊"，在杭州西湖边上强占了一大片土地，建造起又一座大观园式的行宫——罗苑。

在杨善德当上海护军使时，法租界金神父路（今瑞金路）一带还很空旷，护军使署设在龙华附近。杨善德经常乘坐汽车，偷偷来到爱俪园，和哈同、姬觉弥杯酒叙谈，谈交易，谈合作经营。当然，杨在租界里也有阔绰的公馆，要依靠工部局的保护。不久,两家成了"通家之好",杨的老婆还把儿子庆昌过继给哈同夫妇,长期寄养在园内。杨把所搜刮的存款,大部托哈同存放。举一个例子,可以说明他们之间的关系。到1926年时,杨善德已死了,他有一个螟蛉子叫杨庆澂,大概也不在了,由其妻杨沈氏状告哈同借杨庆昌监护人之名,吞没了他家几十万两银子。涉讼经年,到1927年8月27日,上海临时法院做了"裁决",判词说:"查法律并无明文承认监护制度,而习俗有托孤之先例。且哈同并未有杨善德委托监护其子的文件。但从1917年起,杨庆昌即长期住在爱俪园内,受哈同夫妇之抚养。是哈同已有监护人之实,取得监护杨庆昌人身和财产之权。"显然,是哈同花了一笔钱,不知是哪位高明的推事的手笔,写下了这半阴半阳的判词。后来,哈同吐出了十万两,存在哈同洋行里,算是还清杨家的存款,并由他"调解",以其中的一小部分,归杨沈氏按月收取利息。杨沈氏也只能忍气吞声接受了。

继杨善德任上海护军使的卢永祥,也和哈同十分交好。当时西南、西北运到上海销售或转口的烟土,越来越多,上海护军使是最大的保镖。单单这一项,每年的进款就有白银几百万两——一两约值银元一块五。卢把这笔额外的收入,大部托哈同在租界购置地产、房屋,并托哈同洋行经管收租。哈同从中揩的"油水",自不待言。以后,卢继杨任浙江督军,他们的交情更加密切,交易也更加频繁。1924年发生的江浙齐（江苏督军齐燮元）、卢之战，浙江地盘被孙传芳抢去，从此，卢被迫退出政治舞台（1925年段祺瑞出任临时执政时，曾任他为江苏督军，因手中无兵，未能"履新"）。在他垮台的前夕，还接到哈同给他的一封信，说本期租金，已代收四万三千九百五十八元，全部存入哈同洋行"永记"户名之下了。

何丰林是继卢任上海护军使的。"萧规曹随"，一切都照卢的陈规办理，连和哈同的关系也承继下来，并有所发展。那时，上海的流氓势力，在黄金荣、杜月笙先后带领下，日益侵入社会上层，触及每一个角落，关系每一个居民。哈同这个洋"闻人"，也更需要借助一点中国军警当局的力量。据说，那时何丰林曾送给哈同一大沓空白的委任状，由他自己填写。所以，连爱俪园里体面的管家，名片上都刊有"淞沪护军使署少校咨议"等头衔。当时，安徽、山东、四川、湖南等地的军阀，几乎都和哈同有来往，广东的陈炯明甚至和姬觉弥称兄道弟，鱼雁常通。只有江苏的督军李纯、齐燮元，因为嫉恨卢永祥等霸占上海这块应属江苏的地盘，和哈同少交往。

罗　苑

天下只有专制帝王有这么大的权势，可以到处设行宫，建别墅，霸占名山胜景。像大权在握的慈禧，在皇城有了恣意游赏的三海御苑还不满足,硬要移用建造海军的几百万两银子,在万寿山、昆明湖建造起颐和园。

臣下,声势通天的贾府,也只能造一座大观园。我们这位富可敌国的哈同先生,特别是他的贤内助,却一心想追踪慈禧,恨不得把天下湖山胜地,统统据为己有。

1917年4月,正是"暮春三月,江南草长",游览西湖最好的时节,他们又一次来到杭州;这次,连哈同也一起去了。他们先去拜访上任督军不久的杨善德,由杨安排他们寄住在里湖边上一个私人的裘氏山庄里。这个山庄背山面湖,近眺里湖景色,登楼远望,六桥三竺,雷峰塔影,尽收眼底。

一天晚上,他们去督署欢宴回来,登上阳台,侍仆已给他们泡好新的龙井茶,他们三人斜对坐在里湖边的藤椅上。哈同是滴酒不尝的,罗迦陵和姬觉弥都有些微醺了。

那时,一轮皓月刚刚升起,照耀得湖面像闪出一片片鱼鳞,有不少游艇来往游弋,像在银盆上刻画道道花纹。不时有船家的山歌声,断续飘过来。罗迦陵长叹一声说:"我原以为咱们的花园,可算得人间天堂了。现在看来,不过像放大的一盆假山一样。看看这西湖,全是活山活水,早晚都风景如画,真像神仙世界。咱们要在这里造个园子,才真正可以享享清福。"

哈同翘着嘴说:"你也太不知足了。上海这个园子,花了我七八十万两银子,加上历年的花销,已用去三百多万。你又想出新花样，再盖一个园子，我非破产不可。"

罗迦陵把肥白的手指点着他的鼻子说："你不要给我诉苦，有多少家当，每月收入多少，我都清楚。生不带来，死不带去，我们又无男无女，不好好享享福，你对得起你自己么？"

哈同说："这里不比上海，哪里去圈一块好地，让我们修个园子？"

姬觉弥搭腔说："这点，我倒有个办法。咱们账房间那个小施，是杭州本地人，听说他和官场、绅商各界都熟。叫他来经管这件事，我想一定可以办妥。"

哈同向他白了一眼："就是你的鬼点子多。"

罗迦陵连忙问道："是哪个小施？"

"就是广仓学窘邵老先生介绍来的那个施桂生，在账房间里跑街采办的。上月，夫人不还差他来杭州，给杨督军夫人送礼的吗？"

"呵！这小子人倒很机灵，交他办这档事大概会办好。你给我马上打个电报，叫他就来一趟。"

哈同咕噜着说："说着风，就是雨，没见过你这么性急的，好好商量商量再办不成吗？"

他的老婆回答："我就是这个急性子。"

第二天晚上，这个施桂生就乘快车赶来了。姬觉弥吩咐他到四周打听打听，有什么好的地，领老爷和太太去看看。

过了两天，小施来回话说，已打听好有两块地，都有十多亩，一块靠近岳坟，一块在金沙港，田主人都愿出售。罗迦陵听了很高兴，说："明天咱们去看看地段如何。"

翌晨，吃罢早餐，一行四乘轿子，先去岳坟。那时，还没有修通马路，尽是曲曲弯弯的石板路，到了岳坟附近，还要走一段荒径。他们刚下轿一看，罗迦陵直摇头，不容轿夫喘口气，立刻催小施快领去看另一块地。金沙港附近那块地，靠近李公祠，也是一片荒郊，而且没有官道可通，七高八低，轿夫也走得叫苦连天。

回到山庄，罗迦陵对小施发火："你这小子，真不会办事。这两处地方都看不见西湖，咱们到这里来造个园子干什么！"

姬觉弥也帮着训了一顿。小施忙赔罪说："是我没听清楚总管交代的意思。要买湖边的地，恐怕非请官场帮忙不可。我有一个堂叔，在省长公署官产清理处当差，要不，我先去找他老人家商量商量？"

女主人转怒为喜，说："你早该走这条路子。告诉你叔叔，要靠湖边的，最好在孤山附近，请他代我们找到一块合适的地方，我们不会叫他白忙。如果有什么为难之处，我们可以请杨督军帮忙。"

第二天，小施领着他的堂叔来了，矮矮胖胖的，有五十来岁，一身半新不旧的缎子袍褂，嘴上有一把小胡子，操一口当地官话。他自己介绍，说是官产清理处的帮办。他说："在平湖秋月近旁，有一块沿湖的地，二亩多大，盖个别墅，是再好也没有的了。只是，这块地，已决定出售给一位姓傅的绅士，他答应出三千两。如果大人们要买，最好请督军打个招呼。"

罗迦陵听了很高兴，说："请你先领我们去看看。"

山庄离平湖秋月不远，他们沿里湖走了一段，跨过西泠桥，再沿着凤林寺下院、西泠印社和孤山公园，走不多久就到了。施老头指点这块地，是平湖秋月左边的一片荒滩。隔着白堤，对面是一个莲花塘，塘里已满长着团团的荷叶。一边是陆宣公祠，中间还有一个小山门，姬觉弥走上前一看，门额上有莲花庵三个字。靠近孤山的一面，有白公祠和苏公祠，占地都不大。

哈同是地皮的老行家，他目测一下，说："宽阔有二百多尺，还差不多，深只有三丈不到，造个花园，怕不成个格局。"

施老头笑着指指平湖秋月说："大人们请看，那里的亭台不都是向湖上'撑'出去的吗？这里要盖园子，也可以抄这个文章。"

哈同说："他们是官家的，咱们盖私家花园，去占湖面，怕没么容易。"

"那怕什么，只要杨督军一句话。"姬觉弥和施老头不约而同地说。

　　罗迦陵在旁边打量一番,觉得这两亩多地实在太小,将来造滨湖的台榭伸出去一些,还可对付;要布置园林假山,就显得局促而不够气派。她皱皱眉头,走到空地的附近看看,姬觉弥、施家叔侄忙跟了过来。她看到左邻是一个围墙,里面有几间平房,大门上挂一块小木牌"莲花庵下院"。她回头问施老头:"这里面也有菩萨吗?"

　　"没有佛殿,只有几间房子,是当家的澄波师太带几个徒弟住在里面,还有一大片菜园。"

　　"地皮大约有多大?"

　　"有一亩几分。"

　　一行又走向孤山这一边,看到紧邻有一片茶馆,有三间开阔,二层楼,相当进深。从开启的后窗看去,后面也有一片空地,店堂里有十几张茶桌,此时已坐满了七八成座,闹哄哄的。罗迦陵看到茶客和路人都盯着她指指点点,忙离开那里。回头一看,挂着有两块半旧的金字市招"西湖春茶楼""新龙井香茗"。

　　她边走边盘算,向里湖走去,哈同等人也跟在后边。到了山庄,在客厅坐定,施老头忙问:"这块地还中意吗?大人,夫人。"

　　罗迦陵看了哈同一眼,说:"地段倒很好,就是小了点。那家茶馆是官地还是私产?"

第四章　　143

施老头连忙回答:"那里本来是一个渡船码头,有一个叫徐阿昌的在渡口摆一个茶摊。后来,过渡的,到孤山来的游客,和到凤林寺来进香的老佛婆们,都要到那里解渴或歇歇脚,生意兴隆了。徐阿昌搭了几个伙计,把这块地买了下来,先是搭个木屋,挂出西湖春的招牌,前几年才正式造起这二层的茶楼。夫人要不要找他来谈谈,把这茶楼也买下来?这块地,大约也有八九分哩。"

罗迦陵微笑了一声:"暂时不麻烦这些。请你先给我们办好这块地的购买、过户手续吧。姓傅的既然没有敲定,我们就买下了。他还价过三千两,我们出五千两还不成吗?"

施老头一脸为难地说:"夫人,这怕不行,你们是四海有名的阔人,衙门里,还有警察局、市政局,哪一处都要打点打点。再说,傅某那里,不敷衍一点,他肯轻易打退堂鼓吗?"

罗迦陵不耐烦地说:"那你看要多少银子?"

"这个……至少得花……"老头抓了几次头皮。

哈同一声不吭,姬觉弥不耐烦地说:"老兄,不要这个那个,干脆说个数目,夫人好斟酌。"

罗迦陵打断他的话,清脆地说:"我们拿出两万两银子,一切手续由你包了,一定要干净利索,你如办不了,我们直接去烦杨督军。"

施老头马上说:"区区小事,何必去麻烦督帅大人。在下一定尽力去办,包管能办妥,让大人、夫人满意。"

罗迦陵回头对姬觉弥吩咐:"那你先到银行里去,把银子拨给施老先生。"又对施老头说:"一切麻烦你了,一礼拜内,手续总可办好了吧?"

"一定尽力如期办好,夫人请放心。"

送走了施老头,罗迦陵又吩咐姬觉弥:"佛陀,你快去办四色像样的礼,并和督署联络好,我们下午就去拜访。"

攀　亲

杨善德夫妇热情地接待这两位贵宾。杨夫人说:"他的公务太忙,我又是没脚蟹,不能陪你们游游湖,你们游得高兴吗?两位来一趟送一趟礼,太客气了,实在过意不去。这个金寿星实在太破费了,请带回吧。"

罗迦陵说:"我们也算通家老朋友了,千万不要客气。我们仰仗的地方多着呢。"

哈同还是不搭这个腔,只在沙发上低头和杨善德谈上海的地产和利息的事。

宾主又谈了些别的事。杨夫人说:"庆昌最近还来信,说寄父寄母待他像亲生的儿子一样,关心他的学业、寒暖,又给他添置了一批春衣。"

罗迦陵找到了话头,马上接口说:"夫人知道,我没有生过子女,庆昌这孩子也真聪明懂事。据老夫子告诉我,他已经能写文章成篇了，我正叫老画师教他学画，这孩子是一定有出息的。有句不知进退的话，不知该说不该说？"

杨夫人忙说："嘻，老姊姊，咱们多年至好，还有什么话不可说的，你太见外了。"

罗迦陵又故意迟疑了一阵，说："我们有一个顶心爱的义女——玛丽，已十三了，比公子小两岁，我看他们平时哥哥妹妹的，十分亲热。长得不算难看，在姊妹里数她头挑。她也和庆昌一起学中英文。我们想高攀一下，让小两口定个亲，倒是天生的一对，不知督帅和夫人的意下如何？"

杨善德远远听到，忙插口说："这是我们高攀了，谁不知哈同先生是海上第一大族，又是皇太后的亲戚。我们一辈子当父母官，奔走劳碌，只落了个空架子，怕'齐大非偶'啊！"说罢，哈哈大笑了一阵。他心中早盘算，和这个富豪绝户结亲，将来他们死后，少说也会留下几百万家财，一个得势的女儿，总会得到几十万遗产。

罗迦陵连忙说："一言为定，我们就算说妥了。回到上海，我们就把庚帖送来，先办好订婚的手续，过几年再给他们办喜事。亲家，亲家母，我先改口了，一切不用你两位多操心，由我来办。"

杨夫人也没口地笑，说："那么，亲家母，一切费心了。"说罢，和亲家母亲热地拉拉手。

哈同只默默地点了点头。

女主人忙关照下去，预备一桌筵席。她对罗迦陵说："屈留在这里多谈谈，晚上在这里便餐，算是咱们两对亲家先会会亲。"说是便餐，也有大盘的鲍刺燕窝和其他山珍海味，杭州名菜醋熘鱼、炸响铃等更不必说了。

席间，罗迦陵像是无意地谈起建园的事，说是已在孤山旁滨湖看好了一块地，准备盖一个小小的园子，春秋好来住住。只是地皮太小，旁边有一块尼庵的荒地，还有一个茶馆，想一起买过来，经手的人说，还有些麻烦。

杨太太说："那太好了。你们盖上花园，我们也可以沾沾光。"转脸对杨善德说："老爷，你就给省长和市政公所打个招呼。"

有了督军的势力，加上"有钱能使鬼推磨"，就什么事都好办了。

莲花庵方面，由施老头出面去"推磨"。他上门去找到澄波师太——已是五十开外的老尼了。他像是关心地说："看来，这房子都该修修了，观音宝像和山门口的弥勒佛像，也该重新装装金呀！"老师太连忙合十说："阿弥陀佛，哪里来这笔钱呀！香火的钱，还不够我们师徒三人的伙食开销。上月，陈厅长和钱乡绅的太太们来做功德，说要募一笔钱来装新，一直也没有下文，实在难啊！"

施老头说："我倒有一个大施主，愿意给宝庵前前后后全部翻修装新。一点也不要你师太费心。"

老尼又合十说:"阿弥陀佛,哪里来这么个大善士?"

"就是出钱修盖吴山脚下仓圣祠的那位大施主。"

"那不是上海的百万富翁哈同吗?"

"正是他们两位男女善士。他们预备在宝庵对面修一座花园,顺便把宝庵也修缮一新。他们是信佛的大善士,我听我侄子说,上海哈同花园里,就有僧寺和尼庵,养着不少出家人。"他把话锋一转,点到正题说:"他们还想把宝庵对面的那块菜园也买下来,一起造好花园。"

老尼这才急了:"那怎么可以,这块地还是莲花老师太传下来的。再说,里面还有几间房子,我们都住在里面,要卖了,我们师徒三个到哪里安身?"

施老头先抬出督军、省长,说上面都已决定了,然后说:"他们也不会亏待出家人,地价从优折算。除庵堂全部翻修外,可以在庵后的天井里盖上三间瓦房,供尼姑们住宿。"后来,说好说歹,除修缮费外,由哈同出三千元,作为收购菜园的代价。

西湖春茶楼的徐阿昌,脾气很倔强。施老头和他刚谈到房子的事,他就涨红了脖子说:"你老夫子不用来耍花招。我徐阿昌是穷命,不想发洋财,守住这茶馆,混上一日三餐,饿不死就心满意足了。你就把金子堆成山,也休想换我这块宝地。"

施老头无计可施,一面告诉上宪衙门,一面向姬觉弥透了风,请他告诉"督宪"施加些压力。

过了两天,徐阿昌被传到市政公所,由地政科的科长老爷问话:"徐阿昌,你这块地皮原是公产,你怎么霸占造了房子?"

"回大人的话,小的早已办好过户手续,有地契,年年交纳地税,从未拖欠。"

"那不行,那里是名胜区,不准私人购地造房,公家要收回,预备造一个石牌坊,还要恢复渡口码头。你的损失,公家负责赔偿给你。"

徐阿昌听了大吼:"你们明明是拍外国人马屁,欺压良民,我徐阿昌死了也不会让出这个茶馆。"他还要叫下去,被几个警察拖走了。

又过了几天,来了几个军警,把茶馆贴上封条。徐阿昌被拖到平湖秋月,由督署的警卫班长出面,强迫他在卖契上压了手印,由施老头代付了五千元的一张庄票。

这两块地都占下来了,哈同夫妇便先回上海。姬觉弥留下来清理未了的事情,从上海找来了一位园林设计师,设计出了园林的图样,留下施桂生,协助他的堂叔负责督造。

按照图样,临湖的水榭要占出湖面一丈多,合计约一亩多大小。当雇工开始在湖边打桩的时候,引起了社会公愤,过往的游客也纷纷在工棚上贴出抗议的条子,骂官府出卖大好湖山给外国人;骂哈同是犹太狗,不该仗几个臭钱,来抢占、破坏天堂的胜景。

当时的省议会,也提出了弹劾案,质问当局,怎么可以把地产卖给外国人?

后来,又由姬觉弥来到杭州,与督署商量,说这地产不是哈同购置的,地契上也换上中国人罗某某的名字,硬把这风潮压平下去了。所谓罗某某,其实是哈同一个义子的名字。

总之,到1918年秋末,这座美轮美奂的湖上迷宫,就在平湖秋月旁边,崭新、鲜明地建造好了。

这个湖上迷宫,究竟有些什么楼台亭阁、奇花异石,我没有参观过;所看到过的西湖游览指南、西湖风景图,也未见罗苑的详细介绍,不敢妄说。

我在无锡第三师范读书时,学校规定每年有一次春季旅行,兼参观当地的古迹和有名的小学,预作业务观摩。按年级高低,由近及远,第一年大抵游苏州,到最高一班,则去北京或日本参观。1926年,我们这一班去游杭州,我因为偷偷地复习功课,准备考大学,放弃了这个机会。直到1935年,才从汉口携妻——当时还不通行"爱人"的称呼,又不够年龄称"老伴",畅游这人间天堂的西子湖。在西泠饭店住了四天,所有名胜古迹几乎全游遍了。如无锡的老名士廉南湖先生和他的夫人——也是名诗人吴芝瑛女史(当时的习惯尊称)精心构筑的小万柳堂,我们也在里面流连了半天。"四人帮"垮台后,我的被抄去的一匣旧照片发还了,我们在小万柳堂以及钱王祠等处所摄的照片，竟成为"漏网之鱼"保存了下来。

当时游湖，曾看到平湖秋月左边有一处粉白的水榭，湖里的倒影也十分逗人。船夫告诉我们："这是哈同的庄园。"那时，听说这园子早已被政府接收了。但我们转到前门，还是重门紧闭，"谢绝游人"。

以后，又几次游杭，说是那里已办了美术学校，依然只能望门兴叹。

1978年赴黄山开会，归途经过杭州，曾到平湖秋月一带匆匆游了两小时，听说罗苑旧址已并入平湖秋月，我也没有辨清楚哪一段是新并进的。1982年4月，我赴杭小住十日，下榻葛岭下的新新饭店，旁边有一幢旧楼，就是30年代以电影演员胡蝶、徐来为号召的蝶来饭店旧址，估计和当年哈同夫妇寄寓的裘氏山庄相距不远。

我还特地两次去游平湖秋月，看到右面的一片楼阁台榭，当是罗苑的原址。的确，哈同先生的目测是准确的，开阔有几十丈，深不过三丈余。树木及太湖石等的布置相当可观。靠原平湖秋月的一幢楼，大约是宴集的地方，厅里可摆十几桌酒席。临湖有伸出湖面的一个平台，听说当年曾是三层的六角亭。靠孤山的一面，还有一座相当开阔的楼房，主楼大概是哈同夫妇的寝室和起居间，下面有不少小房间，可能是账房及婢仆的房间。

还听到一段有关的传说：当年罗苑兴建时，为哈同出力最多的，是称霸多年被称为"警察王"的夏超。1924年孙传芳赶走卢永祥后，把夏软禁，要夏"捐输军饷"一百万元，否则要彻查他包括勾结哈同的罪状。夏急电哈同求援，哈同答应出六十万元，后来，夏被释放。哈同的钱究竟拿出来没有，不得而知。

第五章

吸 血

我的桌上放着两份哈同洋行的资料,都是残篇。

一份是某年房租的日报单,试摘其两天的内容:

> 1月5日,今天收房租一万四千二百五十六元三角八分;尚未收房租八十五万二千二百七十三元八角五分。
>
> 12月31日,今天收房租五万一千六百五十五元一角五分;尚未收房租八十六万六千五百三十元四角三分。

看来,这八十多万,不是一个月应收的房租,就是一个季度的,绝不是一年的总数。很清楚,一月初应收八十五万多,绝不会到十二月底反而是八十六万多了。

即使是一个季度的,算来,哈同洋行一年的房租收入就达近四百万元。抛开其中有一部分是代杨善德之类新旧、大小军阀政客收的，哈同名下，大约有三百万元；加上鸦片买卖，算算，他一年收入有多少？无怪他老婆挥霍无度，造一个花园，花上近百万；结交一个权贵，花上几十万，她眉头也不皱一皱了。

这个外国"冒险家"——来时口袋里不满十块钱，不过几十年，就喂成了一头千斤大象——富可敌国，"饲料"不都是中国人民的鲜血吗？

另一份材料是一家商号和哈同洋行订的租屋"合同"。租户的岑某、陈某、谢某三人，在南京路合开一爿"天福"南货店，租用南京路P字三百九十四号房子，连同与该屋后门相近的英华街民兴里三弄二十五号石库门房子一所。"合同"全文太长，只摘录几个要点：

一、南京路P字三百九十四号每月租金九百两（合一千三百五十元），相连英华街民兴里三弄二十五号，租金每月九百五十两。

二、从阴历六月初一日起租。

三、订合同之日起，应先交小租六千五百两，并预付一个月租金。

四、租约有效期为六年，期满十天前，租客有优先租赁权。

五、洋行如不能如期于阴历六月初一日把房业交房客使用，或六年内将房业收回，应赔偿租户损失七千四百两。

这里，可以看出几点：第一，当时南京路真是寸金地，一家铺面，连同后面弄堂里一幢旧式住屋，月租要一千八百五十两，即合二千七百多元。第二，房租以外，要先纳六千五百两即近万元的小租。第三，房租不按阳历，而按阴历交纳，这也是哈同的鬼算盘，因为这样，大约每两年可多收一个月的租金。"小租"这个敲骨吸髓的剥削方法，恐怕也是哈同首先"发明"的。以后，变成一种"制度"。到了后来房子越来越紧时，出现了"二房东""三房客"，一间小的亭子间，也要交数两黄金的"小费"或"押金"。

哈同洋行的"合同"也规定房东如不履行合同，应赔偿损失七千多两，看来很公平，其实是对租户的又一种压榨；不到期，他可以收回房屋，或翻修大厦，猎取巨额的收入，七千多两，对比之下，区区小数而已。

南京路从浙江路到西藏路这一段，逐渐变成闹市的中心，也成为十里洋场最繁华的地段。主要的标志是出现了所谓"四大公司"，出售"环球百货"。它们都高达六层到十层，当时都像耸天的巨人，傲视一切；到后来出现了国际饭店、西侨青年会、华安保险公司等十几二十几层的大楼，相比之下，它们又仿佛是侏儒了。

这"四大公司"中，先施公司开设最早，大约在辛亥革命后就出现了。当时，不论是上海人还是外地人，也不论一顶帽子还是一双皮鞋，式样新颖或质地高贵的，朋友们见了都会问:"是先施公司买的吗?"

这四家大公司,有两家是在哈同所占有的地皮上租地造屋的。

1914年发生了第一次世界大战,当时一般称为"欧战",西方"列强"集中精力相互厮杀,暂时放松了对东方的经济掠夺。中国脆弱的民族工商业,得以喘一口气,有了相当速度的发展,南京路上中国人开设的大公司、大商店也逐渐多起来了。

1916年,港粤巨商郭氏兄弟,想在先施公司对面建立一个规模更大的百货公司——永安公司。那一块地皮是哈同的。想买下来,问之哈同洋行,姬觉弥直摇头,说钱再多也不卖,只答应租地造屋。经过磋商,结果是订立了合同,不过一亩多土地,房子由永安公司自己建造,规定不得低于六层,所用的建筑材料,也规定要用高级耐久的,每年租金却要五万两。租期规定是三十年,期满后,全部建筑无偿归哈同洋行所有。果然,后来到1946年期满,那时哈同和罗迦陵早已先后去世,由他们的义子乔治·哈同承继这项产权;郭家和他谈商,他不要日夜贬值的"法币",结果,郭家出了一百五十万美金,把自己造的房子连地皮"买"了回来。乔治·哈同收到这笔等于白捡的钱,以二十八万美金,在武康路买进一座洋房带花园,地基有七亩九分大。

后起的新新百货公司,地皮也是哈同占有的。1923年,向他租地造屋,租金更高,每年是八万两,租期是三十二年,期满归哈同所有。这家公司很幸运,1955年期满时,全中国早已解放了,再不要受这个肮脏气了。现在,在这个大楼里,已开设了全国最大规模的食品商店。

还有1931年"九一八"事变前后,中国人民再一次掀起了抵制日货、爱用国货的热潮。有些爱国商人,集资筹开一个大规模国货公司,地点选定南京路山东路口,地皮也是哈同的,由大陆银行出资造屋,租金却高达每年二十万两。我于1936年来沪工作时,还看到国货大楼热闹地矗立着,吸引许多爱国而购买力较低的顾客。到1937年"八一三"抗战开始,租界市面一时衰落。这家国货公司大概因为积欠租金太多了吧,苟延残喘了一个时期被迫宣告停业。房子被哈同洋行没收,改名为"慈淑大楼"。

哈同这种租地造屋的超剥削的例子,还有很多很多。据资料,四川中路有市房四幢,是1938年向哈同租的地,只有二分大,租金也要几百两,租期十年,到1948年就归哈同公司所有——那时,乔治·哈同已将洋行改名为公司了。

所以,爱俪园也好,罗苑也好,都是充满着鸦片气和中国人民的血汗的。

跌 霸

在癸丑之役中,袁世凯运用他的武力和阴谋,沉重打击了南方的革命力量。接着,他悍然宣布解散国会,通缉国民党人。从此以后,他志得意满,以为"天下莫予毒矣",可以为所欲为。总统任期由四年改为十年,旋又定为终身制。他还不满足,一心想搞帝制,把形式上的民国,改为万世一系袁家世袭的天下。

他赖以起家的亲信骨干,有所谓"北洋三杰"。作为"龙"的王士珍,早被他投置闲散。段祺瑞这只"虎",先被利用去收拾黎元洪——从湖北把黎诱骗到北京,软禁于东厂胡同;接着,派段为陆军总长,旋又剥夺了段的实权。冯国璋这条"狗",也被他冷搁在南京,还让张勋等去牵制他。他只喜欢那些吹捧、抬轿的政客和无耻文人,给他制造"民意",制造改变国体的空气,仿佛他真是天生的圣君明主,只有他登上皇帝宝座,天下才会太平。

他还叫他的跛脚"太子"袁克定编练"御林军",来保护他的安全,诛除异己。一面委派他认为最可靠的政客军人陈宦为四川督军,陈树藩为陕西督军,汤芗铭为湖南督军,龙济光为广东督军,还叫他的宠爱马弁唐天喜带兵去驻守他"龙兴之地"的河南。他认为,在中国这一盘棋上,布上这几个要卒,就可以万事大吉,安登龙座了。

想不到"云鸡一唱",蔡松坡(锷)护国的义旗一举,就全国响应,袁家天下顿时土崩瓦解。经过情况,电影《知音》已再现其梗概,不必多谈了。

袁世凯只做了八十三天的"洪宪皇帝"梦,不仅跌霸收场,而且,不久就忧愤而死。所以愤,是因为连陈宧、陈树藩、汤芗铭也对他宣布了独立。据说,他收到这些人的电报时,气得两眼直视,顿时中风卧倒。所以,有人风趣地说,他最后是服了"二陈汤"(中药名)——中毒死的。

他的下场,也和历史上的不少个人野心家一样,是相当凄凉而滑稽的。

这里,想着重谈一下他的对头,又和哈同夫妇极有关系的另一个野心家岑春煊。

岑是广西林县人,字云阶。在旧社会,一个人做了督抚、大学士之类的大官,人们都以他的出生地名,作为尊称的外号。比如,翁同龢是常熟人,被称为"翁常熟";袁世凯是河南项城人,被称为"袁项城";李鸿章和段祺瑞都是合肥人,称为"李合肥"和"段合肥"。岑春煊后来也历任总督、尚书,所以,他被人尊称为"岑西林"。

他的父亲岑毓英做过方面大员。有这个靠山,他很快在官阶上一步步爬上去,不到四十岁就做到二三品的大员。1900年八国联军攻陷北京,到处烧杀淫掠,慈禧改装平民,和光绪一同乘骡车匆匆逃出北京城,经宣化等荒凉地带绕向西北逃命,一路供应不继,又苦又怕。那时,岑春煊正任甘肃布政使(相当于民政厅长),带了钱财兵马迎上前去,一路护送到了西安。慈禧对他的"雪中送炭",大为感激而赏识。这一把"冷灶",烧红了他的前程。

慈禧"驻跸"西安时,就升岑为陕西巡抚,不久又升为四川总督,又先后转任云贵总督、两广总督。1907年调京,任邮传部(相当于后来的交通部)尚书,和在戊戌政变中因出卖光绪被赏识的袁世凯,同为受慈禧宠信的新进大臣,有"一时瑜亮"之称。

袁世凯是有名的枭雄,岂容得别人和他争宠!他勾结慈禧的亲信大臣庆亲王奕劻,千方百计对岑排挤、陷害。据说,他从上海搜罗到一张岑和友人合拍的照片,把梁启超的照片移换上去,托总管太监李莲英密呈给慈禧。康、梁是慈禧最痛恨的,她看了,从此就对岑起了疑心,不再待如心腹了。后来张春桥、姚文元搞的"割头术",其实并不是他们的新发明,是有所师法的。

1910年保路运动兴起,四川更加如火如荼。总督赵尔丰是有名的"赵屠户",大开杀戒,逼得四川人民揭竿四起。清廷乃调岑回任四川总督去镇压民变。端方在奕劻、袁世凯的授意下,带了瑞澂拨给他的一协新兵,赶在前面进入四川——不久就被部下在资中杀了头。岑只得徘徊上海,待机观变。武昌起义后,清廷起用袁督办"鄂事",命他为襄办,他如何能插手!后来袁世凯窃国,他自然只好隐居香港或上海租界,暂做"寓公"。

就在这段时间,他和哈同有了不同一般的交往。

1917年哈同夫妇举行所谓"一百二十岁双寿"时——哈同六十六岁,罗迦陵五十四岁,岑春煊曾远道寄赠了一篇寿词,其中有"春煊之于先生为忘年交,先生之于春煊为患难友。癸丑之变,子若侄辈,赖先生及夫人维护之力,得脱险难,以有今日"。他又进一步吹捧哈同夫妇说:"尘嚣阛阓之场,竟有贾貌士心,行仁仗义如哈同先生暨夫人者。""其人也,迹其生平,拯灾黎,兴学校,活贫寒,如行实之所述,尚未竟其所志也。"真可说是善颂善祷了。

原来,在袁世凯十分猖狂那几年,一切改良主义、立宪党人,不满袁的倒行逆施,又害怕孙中山先生的革命主张,纷纷和岑勾结,想拥戴他出来代替袁。滇桂军阀唐继尧、陆荣廷,也想借岑的声望,来抵抗北洋系的控制,并牵制孙先生。

大概也由于黄宗仰的拉拢,那时,岑成为爱俪园经常的座上客。可以举两事为例:一次,哈同夫妇宴请岑春煊,乌目山僧也在座。岑在酒酣耳热之际,大发议论,说他有一套救国、治国的计划,各省都有他的追随者,两粤的实力派如陆荣廷等,更唯他的马首是瞻。如果他能筹到百把万块钱,就能到南方活动,一声号召,可以建立政府,北方也会有人响应,南北统一的局面,就不难实现。他向哈同商借六十万元,说将来由他负责在国库中偿还。这笔钱,哈同是否如数借给他,不得而知了。

第五章

还有一次，在蔡松坡举起护国、反袁义旗后，岑拟赴粤活动，临行向哈同商借四万元，哈同对姬觉弥说："这人是中国了不起的人物，你快送去四万元，不要他还，写明是'赆敬'。"岑收到这笔钱，自然十分感激。

另外，岑怕自己走后，家属遭袁的密探暗算。哈同便把他们接到爱俪园，长住了一段时期。

不久，岑春煊"东山再起"的机会果然来了。

1915年12月25日，蔡松坡在云南与唐继尧、李烈钧等通电讨袁，揭起"护国之役"。蔡在长沙时务学堂的老师梁启超，从天津跑到广西，岑春煊也从上海赶去，一起策动陆荣廷独立、响应。1916年初，他们依靠陆的支持，在粤桂边境的肇庆（属陆的控制区）成立所谓"军务院"，作为反袁的中枢组织。他们遥戴唐继尧为抚军长，岑任抚军副长，梁任抚军秘书长，章士钊为副秘书长，一起掌握实权。岑、章两人都是哈同的老朋友，哈同夫妇听到他们成为"中央首长"，心中自然十分高兴。

袁死后，全国局势自然有一番变化，北京舞台也演出了几出紧凑而滑稽的节目。"浓缩"地说，先是黎元洪以副总统的资格继任大总统，段祺瑞任国务总理，独揽大权，发生了所谓"府院之争"。段唆使他的心腹徐树铮，策动张勋等北洋军阀，在徐州召开几次督军团会议，威胁黎和国会。1917年初，黎、段决裂，段故意退居天津；黎邀约张勋来京调处,结果,"引鬼上门",张到京后,即把溥仪抬出来,串演了一出复辟的滑稽剧。段祺瑞又扮演正面角色,宣告"马厂誓师",率领李长泰(第八师)、冯玉祥(第十六混成旅)等部队,进攻张勋,张躲进东交民巷,这一幕就收了场。

段以"再造共和"自居,复出任内阁总理,而不让黎复职,也不恢复国会,而把补选的副总统冯国璋接到北京,代行总统职权。

段又抄袭袁世凯墨卷,依靠日本军阀的支持,企图对南方用兵,实行武力统一。

那时,孙中山回到广州,组织护法(法统)军政府;一部分国会议员齐集广州,召开非常国会,举孙先生为大元帅。但广州时在桂系军阀控制下,陆荣廷和冯国璋等早有默契,处处牵制孙先生。在他的策动下,一部分政学会(国民党内的小派别)议员和其他政客,决议改大元帅制为总裁合议制,推孙中山、唐继尧、陆荣廷、岑春煊、唐绍仪等七人为总裁,中山先生愤而离粤,岑当上了主席总裁。

在北方,冯国璋任总统后,由于争权夺利,依然和段有"府院之争"。北洋军阀从此分化为皖直两系,前者拥戴段祺瑞,后者听命冯国璋——他是直隶省河间府人,被尊为"冯河间"。当时,江苏督军李纯、江西督军陈光远、湖北督军王占元,接近冯国璋,时称直系的"长江三督"。段祺瑞借了日本几亿外债,两次出兵南征。"长江三督"在冯的暗示下,或通电反对,或阻止军队过境,使段武力统一的迷梦无法实现。

这期间,段还千方百计引关外的张作霖以自重,希望他派兵参加南征。张乘机进兵关内,占领冀东一带,这就开始在直皖两系之外,出现了奉系军阀。

直系的曹锟,时任直隶督军,本来和段较接近。因为奉军侵占他的地盘以及其他原因,也开始对段唱反调。

在段祺瑞两次派兵南征时,冯国璋和"长江三督"的首领李纯,仍与陆荣廷有函电、密使来往。他们的主张是南北"混一",即维持现状,名义上保持统一,各行其是,互不出兵侵扰。

段、冯两人暗斗到1918年,冯国璋代理总统期满,段祺瑞、徐树铮召集了他们包办的"新国会"——时称安福国会(皖系又称安福系),"选举"前清遗老、袁世凯的御用国务卿徐世昌为总统,冯国璋被迫下台。

这里,还可穿插两个小故事:冯生平好敛财,巨细不遗。据说,他离开总统府时,把中南海多年放养的鱼都捞光了。还有,在南北争论法统、兵戈相见时,一位古怪的老文人王闿运曾做了一副对子:"国犹是也,民犹是也,何分南北。总而言之,统而言之,不是东西。"当时颇为人传诵。

继任的总统徐世昌,为人圆滑而老谋深算,人称"活曹操"。这样的人,自然也不甘当段祺瑞的傀儡。他虽不像冯国璋那样有兵权,却有计谋、权术。登台以后,他暗中组织新国会中非段嫡系的分子,处处破坏段布置的计划。这样,依然有新的"府院之争",但是暗斗,不是明争。

当时,第一次世界大战已经结束,英、美帝国主义重新注视东方,他们不甘心日本单独操纵北京政府,纷纷对北京提出"劝告",谋息争统一。同时,全国各公团和名流,也纷纷发出通电,主张速开南北会议,谋求和平统一。被派驻衡阳的曹锟部下第三师师长吴佩孚,更接连发表通电,丑诋段祺瑞,要求速开和会。

段用兵既一再失利,又在各方压力下,不得不同意举行南北议和。于是,才有1918年底到1919年5月的南北议和。地点经南北双方协议,决定在上海租界。也和七年前的南北和议一样,会议的公开地点,仍在南京路的租界议事堂,而暗中接触,也仍在爱俪园,更多的密商和讨价还价,依然在赵竹君的惜阴堂进行。所不同的,双方代表人数,多至几十人。更不同的,时移世易,七年前的北方代表唐绍仪,此时却当了南方的总代表。北方的总代表,徐、段双方几经争执,最后决定由接近徐的朱启钤担任。

南方代表,以接近岑春煊的为主,包括章士钊等。这些人都和爱俪园的主人有渊源,所以哈同夫妇及黄宗仰等,竭诚招待,饮宴无虚夕,有的代表还被招待下榻在爱俪园里。

由于段祺瑞和徐树铮的蓄意破坏——中间还把朱启钤换

了安福系的王揖唐,议了几个月,全无结果。1919年5月,爆发了划时代的五四运动,这个和议就"无疾而终"了。

晋 京

记得我刚进私塾读方块字的那年,家乡曾有一次有史以来最盛大的出嫁。出阁的是在袁世凯家当家庭教师的周女士,"对象"是南京的督军冯国璋。据说,是袁大总统亲自保的媒,还送了许多珍贵的妆奁、礼品。新娘先回到家乡准备,由父兄送亲。我们的私塾正在码头水弄的旁边,我曾看到几天以前,那里就停泊了五条双夹弄的大航船,外加两艘拖轮。几天中,不断有箱笼、妆奁抬上去。送嫁那天,新娘坐的花轿是特制的,崭新的红缎绣花轿衣,被直抬上船,吹吹打打,由家属和士绅恭送。

那时,大概是北洋军阀大团结、袁世凯声势最盛的时候,也是他驯养走狗最得心应手的时候。曾几何时,袁忧惧而死,北洋派四分五裂,尔虞我诈。到1919年南北议和失败,继之五四运动爆发,敲响了段祺瑞政府的丧钟。

就在那一年,刚下台的冯国璋去世,周女士成了富孀。1926年我在清华读书时,看到学校为两个小青年——"高干子弟"办了一个特别留美预备班,一个是冯的小儿子,一个是冯的大孙子。据说,冯府特地付给学校一笔钱。这两个青年却是京戏迷和票友,每逢梅兰芳、程砚秋登台,不论是否是休假日,他们总要坐了小汽车进城去的。

冯死后,曹锟继起成为直系军阀的首领。他部下的骨干吴佩孚,不仅继续通电骂皖系政府,而且自动从衡阳撤兵北上,一路浩浩荡荡,撤到河南;他在湖南的防地,则交给南军。1920年,发生了直皖战争,张作霖名为中立,暗中左袒直军。长辛店一战,皖系军队望风披靡。从此,段祺瑞下台,北京政府由直奉两系控制,而报上提到直系首领时,是曹、吴并称了。

过了两年,又发生了第一次直奉战争,爆发原因是直奉两系争夺对北京政府的控制权。直系集矢攻击财政总长梁士诒,说他把钱多给了奉系,"置直军数十万官兵生命于不顾"。记得吴佩孚最后一道驱赶梁下台的通电,也套用了韩愈的《祭鳄鱼文》,"三日不走则五日,五日不走则七日,七日不走,则终不走矣。"而张作霖则袒护梁士诒,斥责吴"开军人干政之恶例"。

不过一星期,奉军便退出关内,固守山海关。

于是北京政府又照例大换班,曹、吴还抬出黎元洪,重登总统宝座,并恢复了旧国会。从此,吴佩孚以两湖巡阅使兼直鲁豫巡阅副使(巡阅使是曹锟)的名义,坐镇洛阳,各部和各省代表,络绎奔走于洛阳道上。这个曾以拆字为生的穷秀才,风云际会,叱咤一时,还不时写字、赋诗,表示他不仅能挥戈疆场,而且是策无遗算的"儒将"。当时他的声势之大，报上每称为"八方风雨会中州"。

当此军阀横行的时候，爱俪园的男女主人，又把"秤心"偏向北方。从此，乌目山僧黄宗仰又被撇在一旁。他历经沧桑，灰心已极，决心真正看破红尘，于1921年再一次离开爱俪园，发誓不再回来。以后就不知所终，大概不久他就悒郁而圆寂了！

原来，冯国璋在当政时，就看重哈同这个洋"闻人"，可以为他的"南北混一"的主张起些作用，又可以通过他，取得英美方面的支持。所以，于1917年授予哈同以四等嘉禾章。徐世昌登台，又升一级，于1919年授予三等嘉禾章；翌年3月，又升一级，授予二等嘉禾章；还说罗迦陵热心赈灾，授以慈惠章。黎元洪再次登台，又授哈同以一等大绶嘉禾章，这是北洋政府授给文官和外国使节的最高勋章。可见，哈同和北洋政府的关系，年复一年地亲密起来。

在直皖战争酝酿期间，听说曹锟曾托人请哈同支援军需，哈同支援了约值五十万元的枪支弹药。1922年冬，曹锟把黎元洪赶下台，自己贿选——以五千元一票收买议员，当了总统。他函约哈同北游。正当此时，天津的王总管也来信说，老福晋不久将七十大寿，极挂念干女干婿。隆裕太后早已宾天，四位皇太妃却极愿召见。罗迦陵决定再一次北行，而且鼓励她丈夫同去。哈同那时已年逾古稀，也想到若失此机会，恐再无机缘游历京都和长城等北方名胜了。那时，他也无心再创新业，哈同洋行只有例行的买卖，只消留一个可信的助手管理，便决定同行，又要姬觉弥同去随身照应。

行期定在1923年8月。姬觉弥先期写信通知京津有关各方，并向沪宁、津浦两路局各订了一节专车。礼品等等，也购办得既充足，又精美。

他们一行十八人，是8月下旬动身的。淫夏已过，犹有余威。车子到了南京下关，罗迦陵就直喊热。好不容易坐了专舱，摆渡到浦口车站，登上蓝钢车，"仆欧"开了几瓶冰镇的汽水，罗迦陵喝了一大杯，才舒了一口气。

这种蓝钢车，是由一家比利时公司特别定造的，比普通头等卧车宽敞得多，票价也高好几块钱。每个包房有平铺的两个铺位，有丝织地毯、沙发椅，还附有一小盥洗间。窗帘也是丝绒的。路局为了招待这位外籍富翁，特地在专供哈同夫妇起坐的那一间里，临时制备一个冰箱，上面放的是窖藏的天然冰，下面放满啤酒、汽水和西瓜、桃、藕等。

哈同从过了七十岁以后，就容易拉肚子，轻易不吃生冷。姬觉弥关照，给他煮了一杯咖啡。车开动后，进了西餐，夫妻俩便睡午觉。醒来时，车子已过滁县，电风扇一开，居然有点凉意了。

津浦车的车速，比前几年又加快了些，第三天上午，就到了天津。迎接的人也比罗迦陵上次来时为多，其中还有直隶省警察厅长杨以德，他是直隶省长曹锐——曹锟之弟手下的红人,他还拿出省长大人的大红名片,说:"四爷本来要亲自来迎接的,因为临时有重要的会要参加,叫兄弟代表向哈同先生和夫人问候。"

他们仍旧由王总管带领,下榻在马厂道那个公馆里。罗迦陵注意到,周遭的大洋房又多了好几座,公馆的小花园也拓宽了些,几株桂花已微微吐出香气。

他们在天津那几天,除了去福晋府拜寿外,还见到了小张黑。小张黑另外住在法租界的一幢别墅里,矮胖的个子,脸色黑中透红,穿着夹纱袍褂,透纱瓜皮帽,红珊瑚结子,真像个一品京官。看上去已四十开外,看不出一点胡子楂儿,说话也是尖声尖气的。他对哈同夫妇说:"宫里的事,咱全给你们安排好了,皇上也准备召见。咱家一定陪两位晋京去一趟。"

他的一"妻"一"妾",也出来和罗迦陵周旋。好在姬觉弥想得周到,给她们各另送了礼品,贵重而精巧,连小张黑也连声道谢。

小张黑还在别墅里正式宴请贵宾,自然是极其丰盛的满汉全席。请来的陪客,全是绅商各界的头面人物,其中有李善人、张厅长、王乡绅等等,都带了夫人。杨以德也来坐了一下,向贵宾敬了一杯,吃了两道菜,说还有一个约会,抱歉几句才走了。坤眷们陪着罗迦陵,在另一个膳厅欢宴。

他们一行在津逗留了四天,就由小张黑、王总管陪同到了北京。出东车站——当时的京奉铁路车站时,总统府特地派了军乐队吹吹打打,好不气派。此事,哈同夫妇还一直铭记在心,感激曹锟对他们的礼遇。后来哈同死后的"行述"上,还大书特书这件事:"民国十二年,先生偕夫人游京,元首特遣军乐队迎迓。"

哈同夫妇从汽车里看到前门、正阳门城楼的巍峨,就感到北京究竟是几代的帝都,气象不同一般。进了内城,车子沿着红色城墙前进,汽车夫告诉他们,这就是皇城,皇宫则在紫禁城里。到天安门,转入长安街,就到了他们下榻的北京饭店。他们包了五楼的几套房间。行李等等,自有姬觉弥率领其他跟随张罗。

他们夫妻盥洗、进茶后,罗迦陵说:"北京的气派究竟不同,不枉我们来玩一趟。"

哈同靠在沙发上,显得有点累,说:"就是马路上的沙土多一些。还有成队的骆驼,夹在车辆中行进,不像个样子。"

罗迦陵兴致很高,微笑说:"走起来丁零当啷,我看倒很有意思。"

他们住的是北京饭店新楼,听说几年前才落成,高六层,是北京最高、最堂皇的饭店,设备很新式,不亚于上海的汇中等大饭店,还有个宽大的跳舞厅。他们到的那天,正好是礼拜六。入晚,饭店门前车水马龙,双双对对的中外客人络绎来到。

北方已有秋意。吃罢晚饭后,哈同坐了一会儿就去睡了。罗迦陵站在阳台口,看看笔直的长安街,如蚁的黄包车——北京叫洋车,也遥望到天安门里紫禁城的一角,觉得身上有点凉,连忙进房,披上一件羊毛背心,打了个喷嚏。

正在这时,姬觉弥轻手轻脚走了进来,对罗迦陵做了一个鬼脸,轻轻说:"老头儿睡了吗?刚才王总管来说,张太监已进过宫,带了信来,说明天十时召见。"

"知道了,你少灌些黄汤,快快躺僵尸去吧!"

陛 见

第二天清早八时半,小张黑打发了一个小太监来迎接,一同乘车来到东华门。只见里面走出一位穿着紫袍、黄背心,看来是体面的太监,搀着哈同夫妇下车,步入东华门。

哈同注意到,离开东华门十几步的地方,有一个岗亭,有五六名警察在站岗;一进东华门,就有戴红缨帽的御林军持枪驻守。他想,这是到了另一个"国家"了,仿佛罗马城里有一个梵蒂冈教皇统治的小王国一样。而且它比梵蒂冈大得多,占据北京中心的一大块心脏,城外还占着面积更大的颐和园。民国政府还每年要拨付五百万两银子,供给这个"国家"的开支。这是清朝皇帝宣布退位、赞成共和政体时,民国政府给予的优待。优待条件还规定保留清帝尊号,仍居宫禁,宫内侍卫和各项执事人员仍照常留用。也就是说,还保留着一个小朝廷,这就成为日后企图复辟帝制的温床。这样的优待,也是中外古今少见的。

这位体面太监领他们到两乘便轿前,对他们说:"皇上命奴才传旨,念两位是视同公使的贵宾,又年高德硕,特赐紫禁城乘轿。"哈同夫妇再三谢恩,坐上了小轿。每乘轿子由两个太监抬着,另有一名扶着小步跟随。从皇极殿前夹道,经过景运门,在乾清门前停了下来。那个小太监扶他们出轿,说:"咱们稍微歇歇腿。"他一边把手指着说,"北面是乾清宫,还有体和殿等,是皇上经常听政和接见大臣们的地方。南面就是三大殿,是举行大典的地方。您看,太和殿前面还有两座高殿,那就是文华殿和武英殿,存放着珠宝玉器和书画文物。"罗迦陵说:"真庄严,真气派。"

轿子又走了一段路,那小太监又扶他们下轿。他们看见小张黑已站在月华门前等候,忙上前问好道谢。小张黑请他们进门,一面说:"皇上在养心殿召见。"

他们被请入养心殿旁的偏殿里,正中有一个盘龙金漆的座椅,旁边设了几个客座,还有高矮的茶几。他们坐定后,请小张黑也坐。小张黑连忙摆手:"在宫里咱家站惯了。"

大约有一顿饭的工夫,一个太监喊道:"万岁驾到!"一面把侧面的帘子打起。皇上从殿后走出,后面跟着一个白胡子的大臣,还有几个近侍太监。哈同夫妇双双磕了头,皇上说了声"平身"。他们刚又坐下,有一个太监前来回道:"四位太妃娘娘说要见见哈同夫人,在永寿宫召见。"罗迦陵忙又向上面叩了头,跟着太监走了。

在这工夫,哈同偷觑这位皇上,十七八岁的青年,很清瘦,细长个子,头戴黄缎小帽,结子闪烁发光,像是钻石的,帽前镶着一块翡翠玉,还戴了一副墨绿眼镜,穿着杏黄绣花便服。

皇上先指白胡子大臣说:"这位是陈宝琛陈师傅。"然后说:"哈同先生昨儿到的?准备在京城住几天?"

"上海的事忙,一星期就准备回去。"

"难得来,多玩几天呀。你呈进的礼品收到了,好玩得很,费心你们。"

哈同看到再没有话说了,就叩辞出来。小张黑接他在殿门内的一个小屋休息,送上几碟饽饽和豌豆黄等点心,小太监还捧上清茶。小张黑还说:"皇上赐下白玉、三镶如意、大小荷包、鼻烟壶。回头送到饭店里去。"

坐了不久,罗迦陵一脸笑容地回来了,说:"四位太妃都慈爱,瑾太妃恩赐我一品夫人,赏给我一幅御笔的画,还送给我们十名太监。"小张黑接话:"你两位回沪后,咱家给挑十名年轻懂规矩的,到府上去报到。"

他们回到饭店,哈同说累了,午饭也没吃,横在床上打盹。罗迦陵却很兴奋,姬觉弥陪她吃了西餐。下午两点多钟,两名太监就把"恩赏"的东西送来了。还有一个食盒,说是太妃们本来要款宴夫人的,怕夫人事忙,赐赠一些御膳房制的点果,请夫人尝尝。罗迦陵忙叫姬觉弥封两百元作为赏钱,太监们打躬道谢走了。

哈同午睡方醒,茶房递进两张名片,一张写着"大总统府典礼局上校科长张乔治",另一张是"大总统府咨议、支应处高级顾问王寿山"。哈同请到外间会客室延见。走在前面的一位,笔挺的蓝呢军服,手执军帽,三十五岁上下,有一撮小胡子。他走到哈同面前,举手行了个军礼,说:"哈啰!哈同先生你好!"不问可知,是张上校了。另一位王咨议,则是缎袍和团花品绒马褂,也把礼帽执在手里,向主人拱手为礼。白白胖胖,"人丹"胡子,手里握着一根"司的克"——也叫"文明棍"。

宾主坐定后,"仆欧"送上香茗。张上校先说明来意:"总统已知阁下和夫人到京,极表欢迎。明天中午,拟请到怀仁堂见面,并备有便宴,为两位洗尘,先叫我们前来问好。"王寿山一脸笑容,接着说:"兄弟久仰哈同先生名贯中外,擘画事业,热心慈善,今天有幸识荆,不胜荣幸。"哈同也客气了几句。

临走时,姬觉弥进来说:"敝上有一箱礼物,已放在两位的汽车里,请转呈总统及夫人。"张上校则说,明天上午十一时,典礼局有车子来迎接。哈同再三道谢道劳,由姬觉弥送到楼下。

第二天上午,哈同换上一件礼服,罗迦陵也打扮整齐。钟敲十一下,他们便坐上来迎接的汽车,车旁还站立两个护兵,车头则悬着两个红绸彩球。不久,汽车驶进新华门,沿着南海开了一段路,就在怀仁堂大门前停下。几个武装或袍褂的人上前一一握手迎接。为首的一位,自我介绍是李彦青:"一向在三爷跟前当差,三爷命我代表迎候两位。"罗迦陵早就听说这个面目清秀的李处长——支应处长,是曹总统第一个贴身宠信,管理总统钱财和生活的,因此,含笑和他周旋。

宾主进入怀仁堂侧客厅落座,刚寒暄了几句,一群人簇拥着一个黑胖而一脸烟容的人从侧门走了进来。那就是曹锟,一身的便装。陪客们立即肃立致敬,哈同夫妇也鞠躬致礼。

曹锟一口天津腔,说:"咱们先在这里授了勋,再叙谈。"一个穿着军装、军帽上还竖着一支白羽的,双手捧着一个匣子,走到总统面前,先宣读了授勋令,讲了一段中英邦交和哈同夫妇的"功绩",授予哈同一等大绶嘉禾章;授予哈同夫人一级慈惠勋章。曹锟亲自把勋章给他们挂上胸前,哈同夫妇鞠躬致敬。

以后,宾主又谈了一阵,并一起走进宴会大厅,开筵畅饮,不必细表。

李彦青一直像影子一样,紧跟在曹锟左右。

转天上午,那位李上校又单独来拜访。谈了一段闲话后,他吞吞吐吐地说:"李处长对阁下和夫人十分钦佩,本来想专诚来畅谈心曲,只是这几天他忙得不可开交,各军纷纷催索饷款,吴玉帅(吴佩孚字子玉)还一连打来几个急电。八所大学索薪,国会也已两月未发经费,而各项税款收不进来,李处长急得走投无路。"

接着又说:"阁下呈送总统的拍摄和放映电影的机器,李处长看了很中意。如果阁下手边还有这类新奇的玩意儿,李处长想请阁下转让一套。"姬觉弥忙接话说:"我们手头没有了。这事好办,我们回沪后,赶买一套运来。"哈同没有作声。

客人走后,哈同责怪他的总管:"你这小子,尽自作主张,也不看看我的脸色。"罗迦陵忙问:"什么事这样生气?"问清缘由后,说:"这小子是曹锟的心腹红人,我看,他既已开口,要敷衍敷衍他。"

"他想敲我的竹杠,我不是猪头三,一个钱也不给;要东西,一件也没有。"

罗迦陵想想,这笔竹杠不是两万三万能应付的,但多了,也实在不值得,就不响了。

曹锟原说要再请他们去畅游中南海,看看光绪被幽的瀛台的,但从此也就没有了下文,总统府再也没人上门来了。

倒是小张黑那里,不断派人来问候,他自己还来陪他们去颐和园玩了半天。

那时的颐和园,还作为清室的私产,由"皇室"派人看管。有些民国的总长、议员们，还有想进去考察或游赏的教授、名流，要走通门路，纳了一元钱，才被从侧门放进去。

哈同夫妇，连同姬觉弥和其他随员，由小张黑和王总管引导，自然与众不同，特开了正门延入。小张黑指点，哪里是"老佛爷"当年颐养的地方，哪里是召见大臣的地方，哪里是"老佛爷"最喜欢游赏的地方。罗迦陵赞叹不已。当他们看到昆明湖、佛香阁的气派，十七孔桥的雄伟以及谐趣园的江南景色，罗迦陵不胜羡慕地说："这才是风光十足的大花园，和咱们的花园比起来，一个像大象，一个像小老鼠一样。杭州的园子更可怜，像一只臭虫。"

哈同说："你总是不知足，他们是一国之主，我们是普通的商人，怎么能相比？"

他们又游了石舫，看了三层高的戏楼。小张黑还介绍当年谭鑫培、杨小楼等内廷供奉在这里登台的盛况，说有好多仙人从上面飞下来，许多小鬼、妖怪从底层钻出来。罗迦陵听得入神，不禁说："老佛爷真会享福。"

他们在园里游了半天，管园的特地请来"御膳房"，办了筵席在"画中游"款宴。

哈同夫妇拿出五百元钞票，作为赏钱。

秋　游

哈同体胖，从担任新沙逊洋行大班以来，几十年出入乘车,很少走路。那天游罢颐和园归来,一直躺在沙发上,晚上也只吃两片面包、一杯鸡汁。他说:"年老,不中用了。皇上也见到了,总统也会过了,又游了颐和园,咱们在北京的事算完了,明后天就回去吧。"

罗迦陵"哼"了一声,说:"我的兴致还没有尽呢。别人不招待,咱们自己游,反正花的是自己的钱。长城、山海关,我都想去见识见识。再说,到北京来不看看京戏,人家要说咱们是白来一趟。你我年纪都不小了,就是再来,怕更走不动了。"

哈同听她说的也有些道理,就不再作声。

正在这时,姬觉弥陪了王总管走进房来,后面还跟着一个五十岁模样的人,两片小胡子,一脸笑容。王总管介绍:"这位是内政部的刘仲春先生,是老京官了,光绪年间就在户部当主事。敝上和在下,今晚就准备回天津,特地介绍这位刘四爷来作陪。他是老北京了,两位想玩什么,吃什么,四爷都可以引导。四爷也是天津人,和敝上是至交。敝上还说,他已和路局打过招呼,两位哪天离开北京,早一天由姬先生通知路局好了。路局就在饭店间壁霞公府,去联络一下也很方便。"

刘四爷一口"京片子",先对哈同夫妇恭维了一阵,然后说:"北京正是秋高气爽的好时节,游览十天半月,保管两位不会腻味。"

哈同说:"我们至多再住三四天,上海的事多,急待回去。"

"那太急促了。这样吧,我给两位当个参谋,明天先去看看雍和宫,顺便玩玩北海。后天游长城。其他名胜以后再安排。哪一天有好戏,我先给订个包厢。"

他们又谈了几句,王总管说要回去整理行李。刘四爷只得收住"话匣子",相偕告辞。

第二天清晨,刘四爷就来了。哈同夫妇请他一起进了早餐。大约九时光景,乘车来到雍和宫,只见大门紧闭,门外却挤着不少人。刘四爷说:"今天是每月例行跳鬼的日子,北京人都想看看。"说着,他在侧门拍了三下,里面露出了一个头,向他笑着点点头。他回身向车中招招手,姬觉弥搀扶男女主人下车,跟刘四爷一起进去。一个喇嘛和他们打个招呼,在前引路。

那时锣鼓唢呐声、呼叫声,响成一片。他们走进山门里的广场,看到圈着一大圈人,中间有几个喇嘛,套着鬼脸,一面"嚎嚎"地叫,一面跟着锣鼓的拍子在跳。四周也有许多"小鬼"跟着跳。罗迦陵看这些鬼脸十分狰狞可怕,说:"咱们去看看别的吧。"

他们参拜了高出屋顶的大佛,也看了欢喜佛,感到大失所望。大喇嘛亲自出来接待,引导到客堂奉茶,还摆上蜜供等几色干点,说:"久仰居士一身做大功德,听说你们宝园里还有佛庙和尼庵。"刘四爷马上插口说:"将来也造个喇嘛寺,功德就更大了。"

罗迦陵看了哈同一眼,哈同一个字一个字地说:"恐怕安排不出地方了,将来要做佛事,一定前来邀请。"

经过刘四爷的宣传、介绍,他们在开放不久的北海公园五龙亭附近的"仿膳"吃了一顿午饭。"仿膳"的房子不大,是简陋的三楹瓦房。掌柜听说贵宾到了,特地把屏风隔出一席特座。仿膳者,完全仿造御膳房的菜谱也。刘四爷关照把最拿手的菜挑好的送上来,大盆小盘放满了一桌子。罗迦陵每个菜只尝了两筷,心想也不过如此,倒是小窝窝头、豌豆黄两个小碟别有风味。

第二天,他们到西直门,在京绥路车站乘火车到八达岭,参观詹天佑铜像,并游长城。哈同看到长城的雄伟,也赞不绝口,翘着拇指对罗迦陵说:"你们中国人真是了不起!"只是荒垒败草,落叶凄凄,他们在城上走了几步,就走不通了。

他们下得城来,好多赶毛驴的围上来兜揽生意。刘四爷选了几匹周整、干净的,大家骑着上路。哈同先是皱着眉头,看没有别的代步,也只得跟着骑了。刘四爷再三关照驴夫好生扶着。一路全是荒草小径,大约走了两个多小时,才到了长陵。罗迦陵兴致很高,看到石人、石马、石象、骆驼,两旁排得整整齐齐,没口赞叹说:"好大的工程,皇帝死了也这么大的威风啊!"她心里没有说出的话,是他们自己虽富可敌国,这样的威风是无法盼到了。

看到巨大的祭殿和高耸的石碑,她自然又有一番赞叹。姬觉弥把带来的面包、香肠、熏肉等等拿了来,大家胡乱野餐一顿。回到城里，快上灯时分了。

刘四爷又给他们安排在"沙锅居"吃了一顿猪席。这时，大家早已饥肠辘辘，特别对白片肉赞不绝口。刘四爷边吃边介绍"沙锅居"的历史，很引起大家的注意。

他又说："今晚，吉祥戏院有余叔岩的《问樵闹府》和杨小楼的《天霸拜山》，都是他们轻易不演的拿手戏。我已订了个包厢，去饭店休息一下，正好赶上。"

哈同说："我已给颠得骨架子都散了，什么好戏也不想看了。"

回饭店，哈同便独自去休息。罗迦陵等饮了一杯咖啡，即出发到东安市场，进了吉祥戏院。茶房领他们入座，确是近台面对上场门的好包厢。台上，龚云甫的《吊金龟》已唱了半出，刘四爷介绍说："龚老板已是近七十的人了，嗓子还那么好！您看，他的扮相，完全是贫苦凄寒的老婆子，真是难得。"罗迦陵不住点头。

池座里，有人发现罗迦陵穿着"洋婆"的服装，珠光宝气，又和男女杂坐，纷纷指指点点。罗迦陵只管看戏，装着没有看见。

其实，连姬觉弥也不懂余叔岩、杨小楼的唱、做好在什么地方，只听到台下一阵接一阵的叫好声，他们也跟着鼓掌。

刘四爷一直低声介绍，说前几年陆荣廷来京，谭鑫培老板抱病唱了一出《洪羊洞》，不久就逝世了。从此以后，须生就只有余老板了。杨小楼是慈禧最欣赏的武生,他和今天出场的王长林、钱金福,都是当年的内廷供奉。北京人多有当了衣服听杨老板的戏的。

他滔滔不绝地讲,罗迦陵似懂非懂地听着。

第二天,大家整整休息了一天,没有出门。

第三天,刘四爷又带领他们去西便门外,游览了白云观。有一位老道出来迎接、指点,银髯飘飘,慈眉寿目,说话也很得体。游毕,老道还在斋堂预备了清茶和水果、素点,请他们休息。罗迦陵看点心很别致,一样尝了一块。姬觉弥取出了五十元作为香火金,老道客气了一阵,取出缘簿,收了。

上了汽车,刘四爷又滔滔介绍说:"这位老道,游客是轻易看不到的。当年,有好多来京的大官,要向西太后呈送礼品,都要托人走通这位老道的门路,才能把礼物送到李莲英的手里。"

姬觉弥插话说:"我早年听说琉璃厂火神庙一个古董老板,也能经营这个买卖。"

刘四爷说:"是有这回事,这位老板早死了。"

车子开到骡马市大街以南一条马路上,停在一个院落的门口。刘四爷引导他们进去,伙计们前来招呼,一口一声"四爷",并说雅座早已预备好了。刘四爷边走边说:"到北京来,不尝尝烤鸭,是一件憾事。这里是老便宜坊,真是百年老店,填的鸭子又肥,烤得又香脆,是松树枝烤的,两位品尝一下就知道了。"

房子是亭阁式的,罗迦陵推窗一看,有些池塘、假山,树木参天,浓荫四盖,很有点园林风味,只是破败了些。

上的四个碟子和大菜,全是鸭身上的,如糟鸭掌等等,酒是上好的花雕,金黄澄澈。刘四爷又介绍,这全是绍兴特酿的"京装",运到京城很费事,一晃动就变味了。

鸭子的确又大又肥。厨师把烤好的拿来当场切片,每只约有八九斤重。

哈同也吃得很满意,一连吃了几块薄饼,说:"上海也有京馆,也有烤鸭,从来没有这样清香脆嫩的。咱们请一位他们的老师傅去上海就好了。"

归途,路过琉璃厂,刘四爷说:"这里信远斋的酸梅汤和蜜饯最有名,两位想去看看吗?"罗迦陵高兴地要去。车子在店门口停下,掌柜肃入里面的房间,先装出四盘蜜饯,然后用浅盏装了酸梅汤出来,颜色也像便宜坊的花雕一样,入口冰凉。刘四爷又关照:"请两位小口品尝。只有他们这里,是上好乌梅用冰糖熬的,镇在冰窖里几天,才取出供应。咱们刚吃过油腻,不宜多饮。"罗迦陵关照装十几匣各色蜜饯,说带回去送朋友,也让孩子们尝尝。

多余的日子,他们去中央公园看看金鱼,又到隆福寺、白塔寺逛了一次。又看了一次京戏,是梅兰芳的《天女散花》。哈同先生不懂戏,但也为轻歌曼舞和主角甜亮悦耳的唱腔沉醉了。罗迦陵更是眉飞色舞,对姬觉弥说:"咱们要不看梅兰芳的戏,这次算白来了。"

回到旅舍,她关照姬觉弥和路局联系,准备明天动身,并叫他和饭店结清账目,把行李先清理好。

赋 归

不知是风霜劳顿,还是路上吃喝不太干净,哈同回到上海后,先是腹泻了几天,以后变成痢疾,发了几天烧,卧床不起。自然,中西医川流不息入园诊治,还命他的犹太义子去犹太教堂祈祷过几次。直到翌年开春,才能扶杖下床,人是清瘦多了。七十多岁的老人,已如日落黄昏,经此一病,有些万念俱灰。罗迦陵也已年逾花甲,有些打不起精神,什么事都不像以前那么逞强好胜了。无论是爱俪园,还是哈同洋行,大权就进一步旁落到姬觉弥手中。姬佛陀"鬼画符"体的题字,在市面上也频频出现了。

使这两位男女主人消极的另一原因,是时局的发展每多不如人意。曹锟贿选总统登场以后,日益倒行逆施;吴佩孚更加狂妄骄纵,到处抢占地盘,排斥异己,也想做武力统一的美梦。这就逼得困居关外的张作霖,和在天津租界做寓公的段祺瑞,到处救援,和重回广东、准备北伐的孙中山先生暗中订立了反直系的"三角联盟"。

翌年秋,爆发了第二次直奉战争。吴佩孚在中南海四照堂宣布讨逆，登台点将，俨然像舞台上周瑜、诸葛亮的气派。想不到他正在山海关九门口亲自督阵，血战正酣之际，他所"点"的二路总司令冯玉祥回师北京，捅了他的后路，从此兵败如山倒，几乎全军覆没。他坐了一条小军舰，绕道长江口，逃到汉口附近一个小镇湛家矶，才喘了一口气。

冯玉祥在北京，和胡景翼、孙岳等原直系将领，将所属改组，称国民军，并电邀孙中山北上，共商国是。

冯做了两件使人民痛快的事，一是把曹锟囚禁在中南海的延庆楼，枪毙了李彦青，并把曹的兄弟曹锐——助桀为虐的所谓"曹四爷"逼死了。

另一件，是把清室人员包括溥仪先生全部赶出清宫，从此，彻底铲除了帝制复辟的祸根；还成立故宫清理委员会，把历代古物珍宝加以清理，后来成立了故宫博物院，颐和园也准备开放。

同时，孙中山改组国民党，联俄联共，革命空气蓬勃发展，全国青年、工人受到影响，上海租界里的学潮、工潮，也时有发生。

所有这些，都是哈同夫妇意想不到的。昨天还召见他们的皇帝、总统，今天已变成阶下之囚；昨天，得到他们所赐的勋章、"恩赏"，珍如瑰宝；今天，统统变成了勾结军阀和帝制余孽的罪证！

哈同夫妇越想越懊丧，本来自己说是不管中国的政治而超然物外的，可是这回的北京之行，却走错了一步棋，用去几十万块钱还是小事。而那个可以为他联系革命党人的和尚黄宗仰又一去而不复返，再没有人可以给他们分忧解愁了。

在这一段时间内所发生的江浙战争，结果是卢永祥和何丰林都失败下野，孙传芳占领了浙江。这也是使哈同夫妇不快的事。孙初到杭州，就声言要查封罗苑，当然，他还不敢碰英国人的产业，如此声言无非是要敲一笔钱。而浙江人民则一定要彻底追查建造罗苑这笔账，使哈同夫妇不敢再去这座"离宫"，享受湖山风光。

继何丰林控制上海的，是直系师长张允明。从此，上海地区就动荡不定，进入多事之秋。张虽属直系，却并非江苏督军齐燮元的嫡系。齐发动这次战争，原想夺回（上海那时是江苏的辖境）上海这块地盘，从而攫取鸦片买卖的（每年有几千万元进项，所以人称江浙战争为"新的鸦片之战"），结果，到手的"馒头"给人抢走了。翌年，奉军南下争夺江南，张宗昌部赶走齐燮元和张允明，部下的毕庶澄控制上海。不到一年，浙江的孙传芳又以"秋操"为名，"闪电"般地袭击奉军，占有了上海。又一年，国民革命军攻到长江下游，上海工人组织了三次武装起义，占领了上海。接着蒋介石发动了反革命的"四一二"政变，屠杀共产党人和革命群众，血流成河。

这几年中，租界周围的控制者，不断易手，使得我们这位老迈的哈同先生莫知适从。他刚走通门路，搭上点关系——比如，他通过姬觉弥，已和孙传芳部下的经理处长宋某勾结上了；把宋接进爱俪园，待如上宾，欢宴无虚夕，但旋踵而旧去新来，上海又易手了。特别使哈同夫妇头痛的，是从1925年南京路发生血案——即"五卅惨案"以后，租界里的工潮时有发生，此起彼伏，"打倒帝国主义"的口号声，尤其使哈同先生听来心惊肉跳。以前，他可以任意加租，或者派巡捕去揭开屋顶，强迫房客搬走，或修造高楼，或再以高价盘剥新房客。现在，房客也暗中组织起来，对他不再俯首听任摆布了，还有学生组织和马路联合会等支持他们。连租界当局，也知道今非昔比，把南京路巡捕房的大门，缩到贵州路去了。

"四一二"以后不久，南京便成立国民党政府，从此以后，不仅国民党当局把租界里的流氓势力和租界外的"党部"结合起来，继续实行"清党"，镇压工人、学生，租界当局也更倚重这些流氓头头，来维持界内"治安"。对比之下，哈同先生的声名，已没有杜月笙、黄金荣、张啸林之流那么响亮了。

自然，哈同还是租界里的首富，手里有的是房产、地皮，南京政府的新贵们，多要在上海租界营造公馆或别墅，来此避嚣或度周末，很多地方要借重哈同。爱俪园里，也不时有"党国要人"光临。但哈同先生已年近八十，罗迦陵夫人也已古稀在望，人到暮年，不禁有日落黄昏之感。

总之，经过三十年经营的哈同"王国"，已经越过了巅峰，逐渐走下坡路了。而由于哈同的年老多病，大权旁落，不论在爱俪园还是哈同洋行，姬觉弥是更加张牙舞爪了。

第六章

大　丧

1936年——我到上海安家落户那一年,看到两个轰动一时的大场面。一次是英王乔治五世和王后的银婚大庆,公共租界到处张灯结彩,工部局、巡捕房和汇丰银行等大厦,都搭起电灯牌楼,高悬老王夫妇的玉照,连黄浦江里泊着的英国军舰,也都挂上五色灯串,吸引着南京路、外滩一带的行人,人山人海。

那年7月,适逢法兰西"第三共和国"逢十的国庆,法国花园(今复兴公园旧址)有灯彩或焰火盛会,霞飞路(今淮海中路)从八仙桥起,笔直地挂起了红、蓝、白三色电灯串,一眼看不到底。入夜,像是一条三色盖顶的长弄堂。

那时,我刚"三十初度",年轻力壮,这两次盛举,都曾携妻挈子,挤在人流中去观赏过。事后,我对一位"老上海"的同事说,我见闻狭隘,从来没经历过这样花团锦簇的场面。他不无感慨地说:"前几年,哈同去世时,静安寺路从西摩路(今陕西北路)口起,直到哈同路(今铜仁路)口,马路全搭起顶棚,盖上白布,镶上蓝白电灯,两旁也装上电灯立柱,挂上挽联,饰以松柏和黄白纸花。这个景象,才蔚为奇观,称得起空前绝后的'红白喜事'啊!"

我又想到幼年在小学读书的时候,城隍庙是必由之路,每天来往四次,看到两庑的十殿阎王殿,每殿都塑有上刀山、下油锅、望乡台等的栩栩如生的场面,常常使我恐惧而引起"自我检讨",尤其在傍晚昏暗或雷雨交加的时候。比这更"发人深省"的是,大门口高悬两样东西,一是一面大算盘,据说有深刻的寓意:"任你千算万算,到头来逃不出阎王一算。"另外,是一块金字大匾,赫然四个大字:"你来了吗!"这位阎王老爷倒早就提倡白话文了,看了却真让人心惊肉跳。尽管我那时还是一个小孩子,自信离"来了"的日子还远得很。

我们这位哈同先生,从那次游京以后,总是没精打采,好一阵,坏一阵。以前,每天他总是黎明即起,到园子里散散步,有些管事的如姬觉弥之流,可能彻夜打牌取乐,也必打起精神,清早在哈同必经的地方打一套太极拳,等哈同乘车离园后,才回房睡觉。从那年之后,这些"早课"也没有了,他的食量也显著减少了。

1930年夏天以后,泻病复发,经常头昏、体软、卧床不起。这自然忙坏了中西名医,川流不息地为他诊治。花园里有药库,还聘有专门的药剂师和护士,但无论什么高贵的药,吃下去总如石沉大海,见不了什么效果。

转年之后,病势更日见严重,义子义女们曾去犹太教堂为之祈祷,罗迦陵还特地重金派人去江西龙虎山,延请六十三代天师张恩溥来园禳解,也不济事。到了1931年的6月19日晚,哈同就呜呼哀哉了。正是:一息尚存千般用,两眼朝天万事休。

哈同是酉时(晚8时许)断气的,姬觉弥马上指挥全园几百个职工、仆役,紧急处理丧事,守灵、点蜡、上供、油漆改装,整整忙了一夜。第三天,各大报都刊登了这条大新闻。《申报》的标题是《爱俪园一夜成白色》,副题——"今晨哈同入殓,花园中安葬"。全文为:"昨晨(20日晨)起,爱俪园中各处,若戬寿堂、天演界、嫡姮门、燕誉堂等,一律挂白。沿静安寺路之朱漆大门,经前晚一夜之工作,完全刷成白色。墙上贴有'哈同府治丧处'黄纸一条。

"昨日上午前往吊唁者,有许世英、郭标、郭乐、席锡蕃等数十人。上海市商会推袁履登代表致祭。犹太教徒亦相率入园,在哈同尸身四周作绕道之行,以为祈祷。

"闻今晨十时半,将用犹太古礼入殓,礼节甚简。殓后抬棺在园中绕行一周,即在戬寿堂前面花园草地上掘土安葬,目下暂不铺张。据罗夫人之意,于安葬完毕后,再择期开吊，同时发表正式遗嘱。断七后，拟在园内风景幽静处，竖立铜像、石碑，永留纪念云。"

吊客中间，为什么首先提到许世英呢？据我猜测，因为他在北洋时代，就历任总长、总理，还担任过安徽省长。国民党政府建立后，他又被任为禁烟委员、赈济委员会委员之类的闲缺，是几代不倒的老官僚。郭标、郭乐，是永安公司的老板，和哈同洋行有营业往来。至于席锡蕃是甚等样人，我就不大清楚了。

别的报纸还载有：园中的树木，也刷以白粉，凡红色的廊柱、匾额，也一律涂以白漆。不知池塘盛开的红色荷花和其他鲜艳花卉，是如何处置的？是全都摘去呢，还是罩上白纸？

21日的《申报》，还刊了一篇《爱俪园速写》，大意说："车方由西摩路转入静安寺路，即见爱俪门前之巍峨牌楼，上书'东辕''西辕'四字。园中走道，悉以白布临时扎成走廊，悬灯无数。此灯胥以挽联扎成，诚创举也。园中一片圆形草地，中树一碑，亦挽联制成。入夜碑中电炬放光，洵属奇观。昔日壁柱之有色者，今咸刷以白色，宛如雪后银装世界。

"治丧办事处，不啻一小规模之政治机关，内分庶务、会计、文牍等科，办事人员甚多，仆役咸服白夏布长衫，一望而知为训练有素者。余在园仅半小时，竟易茶十五次，每易一次,仆役亦换一人,如加统计,必可得一惊人数字也。

"祭堂之布置,与孔庙丁祭时无异。两旁置钟鼓,礼仪隆重。闻祭时将由大同乐会郑觐文以仓圣明智大学校友资格,参加奏中和韶乐。该乐系祭圣人时所用,今用之哈同,抑哈同亦圣人耶?"

在旧社会生活过的人都知道,死了人,在开吊前,要制好一块神主牌,上写"某某府君"或"某某宜人"神主。即使民国已成立了十多年,上面还要写上"清封通政大夫"或"晋封宜人"这类的头衔。听说向例死人加一级,即使没有做过什么官,也可加上什么大夫的荣衔。题主,是很隆重的仪式,也是"向例",神主的"主"字,上面的一点要空着,请一位尽可能请到的大官宦、大乡绅来加"题",先由朱笔(据说朱砂里还要滴入孝子的鲜血),然后盖上黑笔。题前题后,"孝子"都要向题主人叩头,恭请叩谢,像我家乡小县城里,被礼请的题主的人,大概是一位举人老爷。

这次为哈同题主的,是重金礼聘来的三鼎甲。一位是前清状元刘春霖,一位是榜眼夏寿田,还有一位是探花郑沅字,前一位执笔题主,后两位名为襄题官。真是金钱万能,什么稀奇古怪的宝贝、古董,都可以觅来了。刘是末代状元,他"大魁"天下后,清廷就废了科举,开始拔用留学归来的洋进士,古典章回小说中所描述的那条道路——中状元后外放八省巡查御史,升为吏部尚书,最后当了宰相,这个

"锦绣前程",他已没有机缘了。他只担任几年闲官,清室就覆亡了,想不到这时,被当作稀有的古董搜了来。

1931年7月6日的上海各大报,刊出了"恕讣不周"的大幅广告:"欧司爱哈同公,痛于本年国历六月十九日酉时,寿终爱俪园正寝。距生于西历一千八百四十九年五月二十七日,即清道光二十九年岁次己酉五月初四,耋寿八十三岁。迦陵即日遵照犹太教礼,亲视含殓,恭率家族,一律成服,安葬本园。兹择于国历七月二十三日设奠领帖,叨在世谊,谨在讣闻。主丧妻罗迦陵泣血稽颡。"这个讣告,可称是"中犹合璧"。

哈同的棺木,是早就制好了的,不知是从暹罗(今泰国)还是其他东南亚国家订购的贵重木材,涂过不知多少道油漆。总之,据说花了五万多两银子。虽说是在园内安葬,也一样有仪仗队、军乐队等等,由六十四名扛夫,扛着在园里各条马路兜了一圈,然后按犹太仪式安葬。坟墓全用大理石砌成。

本园的僧尼,分别做了七七四十九天事。另外,还有道士设坛打醮,恭请龙虎山张天师主持。这回,雍和宫的喇嘛也来了四十九个,在另外一处诵经跳神。

按照封建迷信,死了人要"烧库",用纸扎一幢房子,烧化给死人,让他在"阴间"可以有个家室,免遭风露。一般总比生前好一点,生前住草屋的,纸糊两间瓦房就会让死人"心满意足"了。据曾目击的一位朋友说,哈同的"冥宅"做得美轮美奂,和哈同花园具体而微,也有楼台亭阁、池塘、假山,也有大菜间、弹子房,陈设也式式俱全,只是没有仓圣明智大学,也没有僧寺和尼庵,却添了一幢高耸的犹太教堂。这座由几百个各式匠人扎起的纸库,占地达半亩多,当"付之一炬"的时候,自然有僧道等在场诵经。烈焰腾空,熊熊高达十余丈,园外的行人,还以为园内失火,多驻足眺望。

开吊那天,当然车水马龙,吊客盈门。静安寺路从西摩路以西,宣布停止交通。大门外站满了巡捕、包探和"红头阿三"。

按照安排的仪式,先是题主,除上述的三鼎甲外,还觅来了一位传胪(二甲第一名)张启后,另有高野侯、蓝云屏等几位翰林公,参与这一盛典。神主牌"题"好后,供上灵堂,开始家奠。哈同夫妇先后收养了二十几个义子义女,犹太籍及华人各半。犹太籍的,都叫什么哈同,中国出身的,则一律姓罗。他们有这么多后嗣,家奠的主祭人却是姬觉弥,这也显示了姬在哈同"王国"中的特殊地位。

吊客络绎不绝,哪些中外显要到了,不必细表。还精印了一本彩美的《哈同先生行述》,有段祺瑞的匾额"乐善好施",吴佩孚的是"慈善可风"。此外题象、题赞的有国民党"党国要人"戴传贤(考试院长)、于右任(监察院长)、王伯群（交通部长）、王法勤（中委）、陈继承（军长）、梁冠英（军长）、钮永建（元老）、陈调元、韩复榘（都是省主席）等。

北洋时代人物有杜锡珪（海军总长）、董康（司法总长，后成汉奸）、岑春煊、李厚基（福建督军）、卢永祥、许世英、陈宧以及"闻名"的卖国贼曹汝霖等。

上海的"闻人"，除市长俞鸿钧外，还有虞洽卿、杜月笙、王晓籁、袁履登、林康侯等。研究系的名流张君劢、张东荪也题了赞词。

据说，这次大丧，共用去八十万元。

在大开吊那天，上海一家报纸写了一篇文章，题为《远东怪人》。说："哈同是远东的大富翁之一。他生前对于金钱，有时一掷千金万金，有时却异常吝啬，常以偶然之爱，花用数万、数十万，而办公室里，常隆冬不肯生一火炉。

"哈同之在上海，可说是白种人在中国的一个象征，他现在死了，盖棺定论，可以说他是一个严格的个人主义者。他崇拜着各种宗教，怀想着各种欲望，从无满足之时，做事，专拣有利于己的去做。以一个外国人，竟拥有如此巨额的财产，可见他本领的高强和狡狯，也可说是中国人的可悲和可耻。

"哈同生前，曾捐资兴建犹太教堂，并影印不少佛经，最近又雇人将《可兰经》全部译成中文出版。所以，昨天爱俪园中,各种教徒、僧尼、居士,前往祭吊者,不下数千人。"

前面已提到过,哈同和他的兄弟不睦,素无来往。只有一个妹子,在爱俪园落成后,曾远道由印度来沪访问,不知是否和罗迦陵不相投契,住了个把月就回去了。

哈同死后,他的伊拉克族人,却要来争夺遗产。英国总领事馆出面制止,说哈同是大英帝国的臣民,应加保护。而且马上由工部局的高易律师出面清理他的遗产,要罗迦陵交纳遗产税一千几百万元。

孤　鹄

哈同生前就立了遗嘱,存放于"公证"律师处,说明他死后,"全部遗产归吾妻罗迦陵继承"。

那位"远东第一富孀",那时也已年逾七十,再没有那种兴会去争奇斗艳了。

杭州的罗苑,早经浙江人民愤怒要求,被没收了。这次又变卖了些财产交纳遗产税。她的心情,颇有点像被抄家后的贾母一样,有点日暮的凄凉。

哈同死后不过三个月,中国便发生"九一八"事变。又过几个月,上海发生"一·二八"事变,日本侵略军打到了上海。爱俪园虽然是"世外桃源",她每月仍可收二三十万的租金等等,但总感到天下在变,黄金时代已随风而逝了。

最使她伤心的,是姬觉弥这个心腹逐步露出了本相。他原说是一个独身汉,发誓终身不娶的。这时她却风闻,他已在外面先后纳了三个妾,建有三个公馆。而且,有一次,两个姨太太不知是争夺财产还是争夺什么,居然吵到爱俪园来了。

她默察姬觉弥近来的行动、口气,也不像以前那样先意承旨,事事驯谨,有些该先请示的,他自作主张去办了。质问他几句,有时还顶撞,或把脖子涨得通红。她只好暗自叹气,把重要的账册、单据以及最珍贵的东西,紧紧锁起。

她的义子义女虽多,但没有一个可托心的。有的是花花公子,只会乱花钱;有的,她看出只在盘算她,眼巴巴等她早日"升天",好分享遗产,更没有一个看上去有点出息的。

于是,她长日青灯黄卷,修修来世,只有希望到来世再过以前那种幸福生活了。

管家中间,她也看不出有哪个有真心的。比如,那个当了多年总账房的杨某,看上去十分朴实,经常穿着半旧的布衣服,还常有补丁,还长年吃素,很安分守己。看他的账目,也笔笔记得清清楚楚。但哈同死后,有一个曾在尼庵带发修行的老姊妹偷偷告诉她:"别看他土头土脑、老实巴交的,上海人都知道,他已是百万富翁,开了几爿当铺和米行,妻妾成行,还在外面拈花惹草,才不老实呐!"

她听了,更加像孤舟漂流大海上,举目无托。

姬觉弥自命是仓颉古圣的私淑弟子,是大文字家,当然也是大书法家。从哈同死后,他的法书,就更加流行。南京路、福州路等处的招牌,一二十年代,以"清道人"写的最为名贵,30年代,则很多是由唐驼、谭泽闿执笔的,而那些小寺院、道观,大都有"佛陀"的题字,真是龙飞凤舞,古意盎然,看得可以鸡飞狗跳,惊天地而泣鬼神的。据说,他有一种特殊的本领,写字不一定用笔,有时用指、用拳,甚至无论什么东西,破扫帚也好,树干也好,旧拖把柄也好,见到什么,信手拿来,蘸墨就挥,无不得心应手。这也是千古有征的,茫茫荡荡的上古,发明笔的祖师还远未出世,仓颉大圣不也是见到什么枯枝、石条,就拿来画字的吗?

在爱俪园里,姬觉弥也像李莲英是总督太监一样,是大总管,而管事、仆役、奴婢,则必敬称大爷。哈同一死,他自然更加八面威风了。

哈同的遗产,不动产部分,计有土地四百六十亩,房屋建筑一千三百余幢,除哈同花园外,计有市房八十一幢,住房五百四十四幢,仓库三幢,旅馆饭店四幢。在住房中,有慈厚里、慈永里、慈惠南里等慈字头的里弄二十余处。这些里弄,遍布静安寺路、南京路附近,有些在虹口一带。

1932年淞沪抗战以后,租界人口激增,要找房子的更多。罗迦陵是不亲理这些庶务的,租赁大权都掌握在姬觉弥手中,他的威势和收入就可想而知了。

在以后那几年,日本侵略者的铁蹄,由关外逐渐深入华北、内蒙古，国土日蹙，到处有"国亡无日"之叹。幸而人民在西北已燃起火种，全国要求抗战的吼声日益高扬。以西安事变为契机，团结抗日的局面渐次形成，终于爆发了"七七"抗战。

"八一三"以后，在上海血战了三个月，最后是"国军战略移转"了，上海租界变成了孤岛。

在战火纷飞、浓烟四起的时候，罗迦陵这个遗孀，枯守在爱俪园里，也像当年她的福晋"干姆妈"一样，守住那个小圈圈，不问槛外事。门前是车马冷落了。她素以乐善好施为标榜，那时，她却闭目不问园外事，什么救济、慈善事业，一概不问，一钱不舍了。

她的身体更加衰弱多病，而脾气更暴躁，对婢仆们动辄鞭打。她手边有一条用两根藤条绑起的鞭子，自然是一鞭一条血印，惨叫之声，往往闻于园外。

自然，战事对她也有影响，不少在虹口的市房里弄，有的被日军占用，有的被破坏。那时，外白渡桥是一个"阴阳界"口，有日军武装把守，过往的人都要脱帽、鞠躬、浑身被搜查。哈同洋行的人，要去收取房钱，当然也很困难。

苏州河南的房子供不应求，像南京路的慈淑大楼，就挂了几十块学校、团体的牌子，有的是从闸北、南市、吴淞等处搬来的，也有不少苏州、无锡有名的中学，搬在这里面上课，租金顶费，自然要花一大笔钱。鸦片生意还兴隆，但用

"国货"的多,海运濒于断绝,能有钱吸服的,究竟是凤毛麟角了。加上租界里天天有暗杀案,到处血雨腥风,罗迦陵的心境更不安了。

哈同死后,英总领事馆即要去哈同洋行及爱俪园的全部账册、单据,经"公证"会计师核算,哈同遗产共有一亿七千万元(当时米价每石六元)。说哈同是大英帝国臣民,这笔遗产应加保护,不许伊拉克人染指;按照哈同遗嘱,遗产由罗迦陵承继,而据英国遗产税法,要缴一千七百万元遗产税。罗迦陵为了交这笔巨款,不得不把市中心最好的房地产十六处,向美商"中国营业公司"抵押借了一千八百万元,除交税一千七百万元外,余款一百万,加上哈同洋行一部分存款,建造了迦陵大楼。这笔押款,订明借期为十年,年息六厘半,每三个月付息一次(大约每次要付三十五万)。到期不付,即并入本金计息(利上加利)。"中国营业公司"其实没有这大笔钱,它是把这十六处房产又转押给了新沙逊洋行系统的英商"中和地产公司"。中和公司和南京官僚资本有勾结,是专为承接哈同这笔地产而设立的空头公司,以英人爱士勒为董事长,由新沙逊洋行为其代理人,由新沙逊洋行为其持有人和信托人。它为了筹到这笔巨款,由官僚资本家特许发行了一千八百万元债券,期限也为十年,年利为五厘半;债券发行后,由中国和各银行派购。实际是中国人出的钱。哈同遗嘱拿出房产,凭空由"中国营业公司"从中捞了一大笔钱。

这本是资本主义社会买空卖空惯常的伎俩,可笑也可发人深思的是,哈同摆脱了新沙逊洋行,几十年锱铢积累,确实也已飞黄腾达、青出于蓝了。想不到一死以后,他的一部分财产,仍旧落入了新沙逊的掌握,这是这位犹太富翁始料所不及的吧。

到了1940年下半年,日本侵略者在华泥足愈陷愈深。在华北的"扫荡",一再失败;抬出汪精卫这个傀儡,也收不到欺骗的效果。于是,他们一面在河南发动对国民党汤恩伯部队的进攻,乘胜南下侵扰湘北,企图在大陆上打通一条走廊;一面暗中准备,想实行南进政策,囊括西方国家在东南亚一带的殖民地,以扩大战争来结束"中国事件"。

在上海,它对租界当局更加采取高压政策。所谓公共租界,本来有日本一份,它要求以日人为工部局总办,增强董事会内日方的支配力量。它陈兵租界四周,压制英国租界当局一切听命于它。日方的特务机关和宪兵,在租界到处横行,随便抓人。"孤岛"初期创刊的抗日报纸《文汇报》《译报》《导报》等,全部被扼杀了。

到1941年12月8日,日军开进了租界,同时开始进攻香港及南洋各地,宣布对英美宣战。太平洋战争爆发了!

罗迦陵总算没有遭到这个"劫"。她在早两个月,即那年的10月3日,在爱俪园里断了气,"撒手升天"了。

说来也巧合,哈同早死十年,没有赶上"九一八",罗迦陵迟死十年,没有赶上日军对英美宣战。特别是罗迦陵,早死两月,没有看到日军冲进爱俪园。

趁　火

罗迦陵究竟患什么病致死的?众说不一。大概在那年夏天,她就饭量日益减少,发了几天烧。经医生调治,好了一些,稍一不慎,又发高烧;多吃几口,又食滞、腹泻。拖拖延延,到了9月,就支离不成人形,病入膏肓了。

病重的消息传出后,租界工部局就派出武装巡捕和包探,把爱俪园和哈同洋行紧紧封锁,大小门窗都有巡捕看守,出入都要受仔细检查。罗迦陵刚断气,就由高易律师事务所,会同巡捕房英捕头,将哈同夫妇装有重要文契、账册和贵重物品的几口铁箱和保险柜,全部强行运走。其他首饰箱及珍贵的物件,也都贴上封条。

正在家属为罗迦陵开吊治丧时,英籍捕头又开来两辆大卡车,把查封的箱笼全部运走。他们对死者家属说,因为这花园接近沪西,怕沪西歹人来抢劫,运走是为了妥善保护云云。

这在表面上也言之成理。从"国军西撤"以后,沪西越界筑路区就有日伪军警开入,包庇流氓土痞,纵赌纵烟,侵扰居民,被称为"沪西歹土"。有名的特务机关"七十六号",离哈同花园近在咫尺,黉夜派一批歹徒进园洗劫,也完全可能。而工部局把这些重要、珍贵的东西席卷而去,其真正的目的,则在掠夺而不在保护,这是当时路人皆知的。

一切丧事,自然不能像哈同这样铺张了,而各报刊登的"讣告"广告,却比哈同的篇幅还要大。不妨全文抄录如下:

> 大英国欧司爱·哈同德配、显妣罗迦陵太夫人,痛于1941年10月3日即夏历辛巳8月13日申时,寿终于上海爱俪园内寝,距生于西历一千八百六十四年,即清同治三年,岁次甲子七月七日戌时,享寿七十八岁。不孝男罗友兰、乔治·哈同等随侍在侧,亲视含殓,即日成服。谨择于国历11月11日即夏历9月23日家奠,12日即夏历24日安葬于显考茔次。叨在世谊,哀此讣告。

下面开列的家属名单却别开生面,"孤哀子"分成两组,一组是罗友兰、罗友仁等共六人;一组是乔治·哈同、罗意·哈同等共四人。"孤哀女"也壁垒分明,一组都叫罗什么,另一组是爱茉莉·哈同和娜拉·哈同等。合共子女二十余人。孙子却只列姓罗的,共八人,孙女十二人,还有曾孙女一人。最后,则有"治丧主任义弟姬觉弥顿首拜",像是当时一般讣文后的"杖期夫某某某顿首拜"一样。

也写了"行述",详述她生平所受封典。也该抄录,供有考古癖者参考：

清室恩赏：特封正一品夫人。特恩赐宴。御书"福曜双辉""种德权福""为善最乐""寿逾百岁""功德无量"等匾额。御绘佛像花卉等条幅。颁赐朝珠、冠服、珊瑚、荷包、克食、尺头、如意。特赏紫禁城乘肩舆。

中华民国：特赠一等慈惠章，一等二级宝光慈惠章。大总统特颁"慈淑贤祥""鹤寿"等匾额。

国民政府：国府主席特赠"仁寿之符""寿考维祺"等匾额。

日本发动太平洋战争，事前准备得十分秘密。它还放了一个烟幕，在10月间，派出天皇的特使来栖，赴美协助驻美大使野村，装出十分有诚意的样子，要和美国解决悬案，改善邦交。这个姿态很投合美国绥靖主义者的胃口，松弛了戒备。当山本五十六率领舰队大举南下，日本飞机编队狂炸珍珠港时，驻守的美国海空军还在俱乐部彻夜狂欢。到舰队大部化为灰烬，一片火海，美军才惊醒了宿醒，瞠目不知所以。

那时我所在的香港，也纸醉金迷，莺歌燕舞。12月8日清晨四时，日军向新界发起突袭，炮轰香岛，居民还以为是驻军试炮，酣卧如故。当时发生了奇怪的"三部曲"，先听到敌机的轰炸声，接着才听到高射炮声，最后，才是警报声。而高射炮响时，敌机早飞走了。

后来，上海的朋友告诉我，那天上海的情况，大体也是如此。以报馆为例,《申报》《新闻报》还在紧张发排要闻版的稿子,机器房忙于拼版、打纸型,突然,汉奸陈彬龢、吴蕴斋带着日本军部的命令来接管了。很多国民党的"地下"人员,都毫无准备,张皇找一个地方躲避起来。

哈同花园,那天深晚也突然开来了一大队日军,气势汹汹,先把驻守的巡捕全部缴械,关押起来,然后贴出日本军部的布告,宣布爱俪园归军部管理。那时,罗迦陵的棺材已在哈同墓的旁边安葬了。所有开吊埋葬的仪式等等,不必补叙了。总之,时移世易,其铺张和热烈强度,自然远不及哈同当时,而棺木等一切开销,也用去了四十五万多元。

那时,他们的二十多个义子义女,不管是姓罗的也好,姓哈同的也好,多已分到了公馆,出去各立门户。有办法的管事等等,也已星散。留在园里的,只有身无长物、无所投奔的匠人、仆婢、老迈僧尼,以及七个龙钟的太监。日军开进以后,把这些可怜的人,经过一番训斥搜查,全部轰跑了。这些被榨干了劳力和生命的苦命人,前途如何,不问可知。

日本军部,派宫坂为爱俪园的监护官,派椎桥为哈同洋行的监理官。他们把租界工部局从这两处接收去的账册、文契以及金银财物,全部抢去,还敲墙挖壁,到处搜索,又劫去金片十四块,中国纪念金币及外国金币共六百三十九枚,银币,包括早年通用的墨西哥银币——所谓"本洋"共一千八百二十枚。还有雕花金环以及哈同夫妇生前常用的金碗、金杯、金筷、金痰盂等等,掘地三尺,搜劫一空。

他们还把各处悬挂的字画、匾额,以及水汀、冰箱,乃至锅炉、铁管,凡是值钱的,或者可以作废铁改铸枪炮的,巨细不遗,一起拆光运走。

他们还把汇丰银行保险库中所存哈同夫妇的金银币和珍贵饰物,也全部"接收"了去。

据约略估计,日方这次对爱俪园和哈同洋行的军管"监理",劫去的财物,约值三千四百万元。

从此以后,显赫达三十多年的爱俪园,名存实亡,只剩一个空壳了。

哈同初到上海时,是孑然一身的穷青年,经过六十年的"冒险",在烟土和土地上大显身手,真是取之尽锱铢,像臭虫一样,吸饱人们的鲜血。和罗迦陵"结俪"以后,又用之如泥沙,挥霍过于公侯。

罗迦陵从来没生过孩子,哈同也不曾纳过姜或"外室"。罗是个孤女,哈同也早和他的兄弟姊妹一刀两断。他们遗留的亲人,只有收养的二十多个义子和义女。

在哈同的遗嘱(称为"第一遗嘱")中,开列的义子女都以哈同为姓,义子计有大卫·乔治·哈同、罗弼维多·哈同、飞利浦·哈同等五人;义女有娜拉·哈同、马特兰·哈同等六人。罗迦陵死前,也留有遗嘱(称"第二遗嘱"),则增加了收养的中国子女,义子有罗友兰、罗友翔等五人,另有罗友良已早死;义女有罗馥贞、罗慧秀等五个人。

这些义子义女,有的是朋友介绍的犹太孤儿或白俄儿童,有的是从侍童中或仓圣小学中挑选的。据说,最多时,他们曾收养过四十多个,后来,经过"淘汰",留下这二十多人。听说,对他们的管教还是相当严格的,每月每人只给几元零用,不准抽烟、赌钱,也不准纵酒无度,不时还加以打骂。但他们在这环境里,耳濡目染,仍多半成了纨绔子女。据罗迦陵在一个声明中说:"先夫欧司爱·哈同先生与俪穗哈同具救孤恤寡之怀,遇有贫苦无告之孤儿,不论国籍,经人介绍,无不收养,为教养成人,俾资自立,类此不下几十口。并非为子嗣计也。"看来,倒是很达观的。特别是哈同年老无嗣,又有那么多用之不尽的钱,不纳个姬妾,在那个社会,可说是难得的。

虽然经过两次洗劫,漏网的珍宝还令人咋舌。据后来的材料披露,一个小哈同所领珍宝饰物,计有金镶十克拉钻戒一个,翡翠及珍珠戒两只,珍珠及蓝宝石镶金镯一只,红宝石珠镶宽紧镯一只,珠耳环三对,淡红宝石、翡翠镶项链一条,金表链一条,金镯金底板一块,镶珠发夹一件,珠别针三只,翡翠头饰两件,白玉饰物六件,翡翠饰物五件,琥珀饰物一件,金镯十五只,金表六只,金戒十六只,金链二十一条,金铅笔刀一把,各种金器二十二件,钻石别针一件。

一个罗友什么的义子,得到的饰物是:钻石、翡翠、蓝宝石镶金镯一只,钻石翡翠戒一只,二十四克拉钻石镶珍珠镯一只,金链两条,镶钻金表一块,绿宝石链条一挂,琥珀饰物一件,钻石、翡翠金丝带镯一只,金饰两件,钻戒一只,七粒钻石翡翠镯一只,翡翠镯一对,大珍珠五十五粒,镶有珍珠一百零一粒的翡翠项链一挂。

我们家乡有一句俚语:"穷虽穷,家里还可搜出三担铜。"这形容富家式微了,余财还不少。从上面这两张单子,可见哈同夫人的余财还是洋洋可观的。

收　场

1945 年抗日战争胜利,9 月初,我从重庆回到上海,正是那些"劫收"英雄最为得心应手的时候。天上飞来的,地下钻出来的,乃至原来"曲线救国"(投敌)的,一经搭上关系,听说都已"五子(房子、条子、车子、妻子、面子)登科",马上就暴发了!

偶然经过哈同花园,看到围墙依旧,面目全非,大门剥落残破。围墙里,不仅不再看到楼台亭阁的影子,连枝叶挂出来的树木,也荡然不见了。据友人说,在沦陷期间,不知是驻兵失慎,还是因为偷盗而故意放火,总之,是发生一场大火,一夜之间,烧成白地了!

以后,在东京组织国际法庭审讯战犯的时候,听说国民党当局曾和日方交涉，要追回从哈同花园和洋行劫去的珍宝财物。究竟追回没有，追回多少？也未见下文。而乔治·哈同的名字，则偶尔在报上可见到。他是哈同最大的义子，主要的房地产，由他掌管。他组织了一个哈同公司登记立案，经理这些遗产。

1946年9月，所谓上海特别市参议会开第一次会议，有几个参议员提出一个提案，要把哈同花园废址辟为公园，以哈同遗嘱应缴的地价税和房租作为公园的基金。会后，曾派人与乔治·哈同商量。他说："先人遗产，不敢随便放弃。"又说："我们兄弟姊妹多，这样的大事，必须征询他们的意见。"软拖硬顶，就是不点头。

翌年冬，参议会开第四次会议，做出决议，改"商借"为"征用"，强迫乔治·哈同答应，他这才急了，四出奔走贿赂，希望"大事化小，小事化了"。

他通过一位姓徐的巨商，向市政府和参议会当权者送钱送礼，又向南京各权贵打通关节，还拜杜月笙为"老头子"，结果，参议会决定组织一个"哈同遗产清理委员会"，派杜等五人为委员。乔治·哈同采取主动，先把沧州饭店等处地产"捐献"出来，暗里又给这五个委员及其他关键人物都送了地皮。我曾看到一份清单，开列得很清楚，给杜几亩几分，送杜的学生顾某多少，送一位姓秦的律师多少，合计送了四十多亩地皮。在南京西路、陕西路一带，地皮要比金条、现钞值钱得多啊!

经过这番活动,果然"小事化了"了。拖到1948年5月,市参议会宣布撤销了以前的"决议",另外做出决定,由乔治·哈同捐出十五亩土地,筹建市立图书馆。

市当局还特别嘉奖乔治·哈同的"见义勇为",派他当警察局义警干部训练班的名誉指导,还派了两名警察保护他的家庭安全。

乔治·哈同还曾花钱活动当国大代表,说他早已入了中国籍,对捐地造图书馆的事,则置之脑后。但是,这时已山雨欲来,土崩瓦解,这些参议老爷,自顾也不暇了。

在重庆时代,"法币"早已极度虚弱"浮肿"。抗战胜利之初,在收复区里,曾冒充"胖子"一段时间。1946年后,逐渐原形毕露,物价每月成倍增长。到1948年初,通货更加恶性膨胀,领一点微薄的工资,也要用麻袋去装。一麻袋钞票,上午可以买一斗米,下午就只能买到五升,也许傍晚就只有三升了。那时,市参议会曾决定,全市房租,以1937年为基数,按九千倍计算,这对一般小民来说,已是很沉重的负担了。

乔治·哈同的盘剥手段,接受了他义父的传统。他关照经租人员,凡租用哈同公司房子的,要按九千倍再乘十倍即九万倍计租。这样的超高剥削,激起了广大租户的愤怒和反抗,慈惠里、慈德里、慈和里等先后成立了房客联谊会,接着,联合起来合组了"哈同房客总联谊会"。他们先向市府、市参议会请愿,要求制止哈同这种非法加租,而迟迟未得答复。他们又做出决定,一律拒绝交租。直到上海解放,这个斗争才胜利结束。

淮海战役以后,南京政府陷于瓦解,上海的一些权贵、大贾,纷纷逃往海外,乔治·哈同也挟了大量财宝逃到香港。

解放之初,人民政府即严令禁止抽逃资金,禁止黄金外汇外流。这个小哈同,却暗地指使他的上海代理人,不断抗拒这一法令。从1949年11月到1951年这一年多的时间里,就抽逃资金六亿九千万元(老人民币,下同)。另外,他还叫人变卖首饰及其他珍贵物品,换得大量美元、黄金,一起走漏了出去。

所有哈同的房屋地产,解放以后,即未交税款,还有滞纳金及危险房屋罚金约百万元,也未交纳。经房客抗议,人民要求,人民政府于1953年征用爱俪园废址,兴建中苏友好大厦,1955年落成开幕。从60年代起,改名为上海展览馆。

50年代中,有关部门对哈同财产作了一份调查报告:"哈同于1931年死后,遗有大量动产及房地产。其妻罗迦陵继承后,对房地产处理了一小部分。到1941年罗死时止,遗产尚有土地四百四十五点八六市亩,大小楼房一千三百余幢。两者估价约人民币三千五百亿元(土地估价二千亿元,房屋估价一千五百亿元）。其中，部分房地产在解放前由其养子乔治·哈同等非法出售及赠予他人。现哈同花园旧址的土地一百四十五市亩，已为我征用。价值百万英镑之动产，已被哈同夫妇之中外籍义子瓜分花用。"

这也算是哈同一部"冒险"史的小结吧。

前些日子，有一位旅居香港的朋友来闲谈，说有一个英国人，两年前到港时，只有二百元港币，经过两年的"炒"进"炒"出，翻腾买卖，已携带二亿多港币回国了。

从19世纪40年代到20世纪40年代这一百年中，这样的空空妙手变成的百万富翁，上海有多少啊！而从这个土地上抽去的"血"，又何啻千百万吨！

余 音

那年5月的一天，风和日丽，旭日当空，上海展览馆顶上的红星，闪闪光光。

馆里，正在举行"四化建设初步成就展览会"的开幕典礼。

有两位老人，笑容满面，坐在喷水池畔，热烈地交谈。一个叫祝世华，胖胖的，头发已全白了。另一位叫赵升里，细长个子，顶已全秃，胡子也花白了。看上去，都已是八十开外的人，身体都还结实，谈锋似乎也很健。

祝老是绍兴口音，香烟不离嘴，说了几句，就要咳嗽一声。他兴奋地说:"听了陈书记的报告,又看到这些图表、实物,真叫人高兴。咱们盼了一辈子,到今天,总算盼到国家自由幸福,一天天富强兴盛起来了!"

赵老抢着说:"是啊,我的大孙子前几天从福建来信说,他们那里的农民,每年也有近千元的收入,真是六畜兴旺、五谷丰登;大工厂一座座盖起来,到处是机器声。信上还说,他听到南海那里的几片油田,都已大量出油,今年全国石油总产估计可超过一亿吨。刚才听报告说,国家的财政已有大量结余,看来,步子走得很稳,越来越快。"他是一口上海土话。

"其实,我们从里弄里也已体会得到,前几年,还听到有失窃的事,也看到一些'飞'里'飞'气的青年,叼着香烟、游手好闲的;这两年,全不见了。我儿子才五十多岁,他说,上公共汽车,青年们都争着让他坐,风气也一天天变好了。"赵老咳了一声,换上一支香烟,又滔滔不绝地说:"你老哥知道,我这个人是最怕事的,'文化大革命'中,被揪斗过几次,更加步步小心,不是报上见过的话不敢说,上面讲东,不敢讲西。这两年,才真正解除了顾虑,想什么就讲什么。心里真是甜滋滋的,总想再活上十年、八年,看看以后的幸福局面。"说着,又咳了一声。

"那你就该把香烟戒了,多过些舒坦的日子。"

"这劳什子,和我结了近六十年的缘,几次想丢开,总下不了这个决心。好在,心情舒畅了,百病也躲开了。"他抬头看看四周,接着说:"这里原是哈同的花园,我年轻时,几次想进来玩玩,都不能够。现在,变成了展览馆,可以随便进来参观、游览了。"

赵老听到这里,摸摸胡子,哈哈笑了一阵,接口说:"那我的老话,就比你更长了。你知道,我是十足的本乡本土的上海人,从我曾祖起,就在这一带租地种田。据我父亲说,这一带原来是一片田地,叫涌泉浜,只有十几户人家的小村落。我父亲年轻时,要进上海县城,只能坐小船沿着洋泾浜前去,来回要花一天工夫。"

"那你是看到哈同花园初盖起时的情景了?"

"我那时还很小,据我父亲说,因为哈同圈占这一大片地,我们家才被驱赶到浜北。后来,我父亲开了一爿小烟纸店,周围也已逐渐造起民房,我才进私塾,读了书,以后一直当小学教师,这是你知道的。"

"那么,哈同花园最繁华的时候,你是看见的了?"

"据我父亲说,在平地修建的时候,不知压平了多少无主孤坟,也不知捉去多少哭哭啼啼的农民。等到花园将要盖好时,我已开始读方块字,有些记得了。"他叹了一口气。接着说:"真可以说,看他起高楼,砌池塘,堆假山,盖亭阁,听他笙歌四起,车马喧阗,烟花腾空,欢声不夜。也看到他们夫妇先后死去,奴仆星散,最后,还有几个老尼、老仆和残肢缺腿的太监,无依无靠,到我们弄堂里来乞讨的。"

祝老也跟着叹了一口气说:"那你倒是哈同花园的活历史了。前几年,《新民晚报》登过一篇《哈同外传》,你想必也看到过,你以为怎样?"

"基本的事实还差不多,就是文字不太流畅,有些地方,说得不够清楚。"

"我看,里面有些细节,可能是作者杜撰的,像哈同夫妇和姬觉弥的谈话,他怎么能原原本本写得这样具体?"

"那倒不要这样胶柱鼓瑟,它本来不是什么正史,而是外史,只要基本事实不走样就可以了。人家不是也说,《三国演义》是七成真、三成假吗?比如,青梅煮酒论英雄,只有曹操和刘备闭门对饮,他们又都没写过回忆录,罗贯中怎么知道得这样详细?"

祝老笑着又咳了一声:"这倒是的。"

赵老接着发表议论:"其实,我看正史也未必字字有来历。太史公是修史的老祖宗,但在《史记》里,有些记载也很费推敲。比如,项羽看到秦始皇的'车驾'在严密警戒中驰过,他说'彼可取而代也'。那时候,偶语弃市,这样要'犯上作乱'的话,当时项羽至多起过这一念头而已,事后也恐怕不敢对别人谈及,而且他年纪不大就在乌江自刎死了,司马迁怎么听到的?"

祝老点点头:"有点道理,咱们不要把话扯远了。再谈谈哈同花园吧。哈同一个外国瘪三,靠投机、欺骗,靠鸦片、地皮,发了这样的大财,造起那么大的花园,我看,这里的土地,每一寸都渗着烟味和中国人民的血丝啊!哈同在上海六十年的经历,可以在一个侧面反映旧上海乃至旧中国的苦难史。"说到这里,他指指大厦说:"看看这房子,看看这里的花草树木,又听到今天的报告,我的思绪也像这喷泉一样,恨不得年轻二十年,多为国家尽一分力。"

"是啊!该让年轻人多来这里,想想过去的历史,温故知新。就说这座大厦吧,初盖起的时候,不也宣传过'人家的今天,就是我们的明天'这类幼稚的话吗?这也是个不该忘的教训啊!只有实事求是,吸取新知识,走自己的路,万众一心,实现社会主义的四个现代化,使国家真正强起来,富起来,才能为子孙万代打定独立、富强、自由、幸福的基业。"

"对,我看你这一番议论,不能说是什么套话。"